Paris. — Imprimerie Alcan-Lévy, 61, rue de Lafayette.

CATALOGUE

DE LA COLLECTION DES

MONNAIES, MÉDAILLES

ET JETONS

DE LA LORRAINE

COMPOSANT LA

Collection de feu M. M. MONNIER

Membre de l'Académie de Stanislas,
Président de la Société centrale d'Agriculture de Nancy, etc.

Dont la Vente aux enchères aura lieu

HOTEL DES COMMISSAIRES-PRISEURS

Salle nº 4, au premier étage,

Le Mardi 7 Avril et les quatre jours suivants

A UNE HEURE TRÈS-PRÉCISE

Me H. LECHAT, commissaire-priseur, rue Baudin, 6
Assisté de MM. ROLLIN et FEUARDENT, experts, 4, rue et Place Louvois, à Paris,

Chez lesquels se distribue le Catalogue.

Exposition publique

LE LUNDI 6 AVRIL, DE 1 HEURE A 5 HEURES

PARIS

ROLLIN ET FEUARDENT

4, RUE ET PLACE LOUVOIS, PRÈS DE LA BIBLIOTHÈQUE NATIONALE

LONDRES

MÊME MAISON, 61, GREAT RUSSELL STREET BLOOMSBURY

En face le Musée Britannique.

1874

PRIX D'ADJUDICATION

DE LA COLLECTION

DE MONNAIES, MEDAILLES ET JETONS

DE LA LORRAINE

DE LA COLLECTION DE FEU Mr M. MONNIER

DE NANCY.

PRIX : 2 FRANCS.

Numéros.	Fr.	Numéros.	Fr.	Numéros.	Fr.	Numéros.	Fr.
1	41	30	55	57	61	93 94	15
2	17	31	47	58	35	95	25
3	19	32	145	59	91	96	89
4	95	33	215	60	21	97	10
5	67	34	125	61. 62	20	98 99	7
6	66	35	330	63 à 66	47	100,101	8
7	65	35 *bis*	200	67,68	21	102	12
8	180	36	240	69	51	103	6
9	41	37	49	70	21	104	7
10	30	38	275	71	31	105 106	6
11	60	39	265	72	36	107	14
12	26	40	62	73	42	108	6
13	81	41	68	74	39	109,110	7
14	100	42	130	75	130	111, 112	14
15	35	42 *bis*	65	76	56	113 114	6
16	110	43	65	77	100	115	4
17	125	44	60	78	125	116	7
18	95	45	65	79	32	117	5
19	40	46	60	80	17	118	8
20	85	47	180	81	11	119	7
21	125	48	45	82	47	120	11
22	145	49	40	83	28	121	17
23	85	50	50	84	12	122	150
24	86	51	61	85	6	123	170
25	120	52	37	86	25	124	9
26	90	53	25	87,88	62	125	7
27	95	54	13	89	11	126	17
28	76	55	60	90 91	13	127,128	6
29	100	56	80	92	14	129,130	3

Numéros.	Fr.	Numéros	Fr.	Numéros.	Fr.	Numéros.	Fr.
131	18	176,177	16	225 226	14	275	7
132	18	178, 178 *bis*	34	227,228	14	276 à 278	11
133	12	179	49	229	21	279	4
134	53	180	30	230	16	280	5
135	30	181	9	231 232	14	281	8
136	37	182	15	233	10	281 *bis*	5
136 *bis*	40	183	6	234	9	282 à 285	11
137	24	184	9	235	8	286	112
138, 139	49	185	10	236,237	14	287	95
140	14	186	6	238	18	288	435
141	17	187	13	239	15	289	152
142	19	188	5	240	11	290	206
143,144	40	189	3	241	14	290 *bis*	146
145	45	190	40	242	10	291	240
146	28	191	7	243	36	292	34
147	24	192	82	244	10	293	28
148	9	193	61	245	36	294	16
149	11	194	6	246	31	295	35
150	70	195	16	247, 248	20	296	201
151	13	196	35	249	39	297	25
152	15	197	12	250	159	298	17
153	15	198	15	251	90	299	14
154	11	199	40	252, 253	26	300	9
155	7	200	26	254	16	300 *bis*	16
156	15	201 à 202 *bis*	11	255	15	301	28
157	13	203	10	256	15	302	7
158	15	204	19	257	10	303	5
159	15	205	5	258	85	304	3
160	11	206	11	259	221	305	3
161, 162	40	207	19	260	7	306	5
163	32	208	3	261	121	307	8
164	44	209	11	262	75	308	5
165	67	210	5	263	70	309 à 313	17
166	19	211	5	264	65	314 à 316	17
167,168	27	212	17	265	66	317	5
169	23	213 à 216	30	266	60	318, 319	14
170	43	217 à 219	13	267	40	320	429
171	126	220	70	268	5	321	172
172	76	221	52	269	46	322	40
173	62	221 *bis*	51	270, 271	14	323	30
174	15	222	9	272	12	324	52
174 *bis*	80	223	16	273	10	325	22
175	28	224	10	274	8	326	36

Numéros	Fr.	Numéros	Fr.	Numéros	Fr.	Numéros	Fr.
327.......	65	377.......	22	441, 442...	6	520......	16
328.......	18	378.......	12	443	14	521......	10
329 à 331..	19	379 à 381..	23	444	230	522.......	13
332.......	10	382.......	66	445, 446...	20	523.......	16
333.......	21	383.......	5	447.......	16	524, 525...	23
334.......	21	384.......	7	448 à 451..	15	526.......	26
335.......	45	385.......	5	452.......	13	527.......	14
336.......	50	386.......	7	453 à 456..	18	528.......	7
337.......	20	387......	8	457, 458...	24	529, 530...	8
338 à 340..	14	388.......	11	459 460 ..	13	531 532. .	8
341, 342...	13	389 à 392..	18	460 *bis*....	21	533, 534...	8
343.......	10	393.......	41	461.......	17	535.......	2
344... ...	10	394.......	5	462.... ..	9	536.......	10
345.......	46	395.......	15	463.......	37	537 à 539..	16
346.......	29	395 *bis*. ..	10	464, 465...	18	540 à 542..	6
347.......	18	396..... .	100	466 à 468..	19	543, 544. .	12
348.......	8	397.......	113	469 à 472..	39	545.......	70
349.......	6	398.......	130	473.......	16	546.......	22
350.......	23	399.......	226	474..	29	547.......	15
351.......	6	400......	186	475 à 477..	13	548.......	37
352.......	10	401.......	95	478... ...	13	549.......	17
353 à 355..	15	402	125	479..... .	36	549 bis, 550	7
356.......	7	403.......	12	480.... .	22	551.......	23
357..	170	404.......	30	481 à 484..	15	552.......	15
358.......	80	405.......	30	485, 486..	17	553 à 556..	15
359.......	76	406.......	4	487 à 490..	14	557.......	10
360.......	65	407 à 409..	19	491 à 495..	18	558..... .	5
361.......	75	410, 411. .	6	496 à 500..	20	559.......	17
362.......	116	412 à 414..	14	501, 502...	10	560 à 562..	11
363..... .	105	415, 416...	15	503.......	7	563.......	45
364.......	131	417.......	6	504.......	3	564.......	11
365.... ..	100	418.......	3	505.......	3	565.......	6
366.... ..	55	419.......	10	506 507...	8	566.......	45
367.......	55	420, 421...	8	508.......	3	567.......	15
368.......	29	422.......	7	509.	14	568.......	115
369.......	90	423 à 426..	21	510, 511...	5	569 à 571..	16
370.	66	427, 428...	10	512, 513...	162	572 à 576..	16
371.......	40	429 à 432..	18	514.......	20	577.......	8
372.......	11	433 à 436..	30	515.	21	578.......	7
373.......	5	437.	275	516.	126	579.......	47
374.......	9	438.......	3	517.......	90	580.......	39
375.......	7	439.......	80	518.......	100	581.......	26
376	18	440.......	66	519.......	20	582.... ..	210

Numéros.	Fr.	Numéros.	Fr.	Numéros.	Fr.	Numéros.	Fr.
583	182	649	15	726	8	787	6
584	93	650	36	727	46	788	14
585	22	651	8	728	35	789	7
586	10	652	47	729	11	790	25
587, 588	13	653	12	730	16	791	11
589 à 591	24	654 à 660	25	731 à 733	29	792	13
592	19	661	10	734	21	793	6
593	21	662	45	735	16	794	7
594	20	663, 664	14	736	51	795 à 797	11
595	18	665 à 668	17	737	18	798, 799	15
595 *bis*	4	669 à 671	14	738	14	800	42
596	19	672	19	739	49	801	39
597	19	673, 674	9	740	30	802	6
598	10	675	21	741	20	803	14
599	18	676, 677	6	742	17	804, 805	10
600	8	678 à 683	10	743	7	806	41
601	6	684	66	744	75	807	7
602 à 604	10	685	23	745	110	808, 809	12
605 à 608	50	686	55	746	75	810	191
609, 610	13	687	13	747	79	811	137
611 à 614	38	688	13	748	13	812	210
615 à 619	15	689, 690	9	749	15	813	56
620	7	691	22	750, 751	19	814	81
621	22	692, 693	31	752 à 754	19	815, 816	35
622, 623	8	694 à 698	13	755	95	817	14
624 à 626	8	699, 700	12	756	128	817 *bis*	58
627	150	701	20	757	72	818	14
628	22	702	5	758	23	819	4
629	159	703, 704	25	759	15	820	15
630	135	705	60	760 à 762	21	821	30
631	95	706	31	763	31	822 à 824	8
632	130	707	10	764 à 767	12	825 à 827	17
633	41	708	6	768 à 771	11	828	18
634	32	709 à 712	36	772	13	829	60
635	13	713	25	773	9	830	24
636 à 638	34	715	15	774, 775	13	831	25
639 à 641	23	716	15	776	11	832, 833	14
642	15	717, 718	30	777 à 781	17	834	17
643	13	719	83	782	3	835, 836	27
644	14	720	69	783	6	837 à 839	15
645, 646	15	721, 722	19	784	6	840	5
647	14	723, 724	23	785	7	841, 842	17
648	14	725	13	786	6	843	13

Numéros.	Fr.	Numéros	Fr.	Numéros.	Fr.	Numéros.	Fr.
844 à 846	7	937	16	993	15	1045	12
847	3	938	14	994	5	1046	251
848	7	939	25	995	25	1047	13
849	55	940, 941	21	996	26	1048	41
850 à 856	62	942, 943	40	997	6	1049 à 1051	31
857 à 861	25	944	29	998	8	1052, 1053	25
862 à 865	22	945	26	999	8	1054	35
866, 867	16	946	15	1000	5	1055	8
868 à 870	37	947	60	1001	60	1056	29
871 à 873	6	948	60	1002	7	1057	27
874	15	949	13	1003	7	1058	36
875 à 885	13	950	26	1004	22	1059	38
886 à 891	14	951	10	1005	17	1060	9
892	12	952, 953	33	1006	8	1061	29
893 à 896	12	954, 955	15	1007	7	1062	36
897	15	956	13	1008	15	1063	18
898, 899	7	957	29	1009	4	1064	55
900, 901	19	958, 959	19	1010	10	1065	41
902 à 906	23	960, 961	32	1011 à 1013	16	1066	44
906 *bis*	19	962	10	1014	18	1067	65
907, 908	21	963, 964	41	1015	19	1067 *bis*	75
909	32	965, 966	10	1016	10	1068	12
910	5	967 à 971	30	1017	120	1069 à 1071	41
911	36	972	12	1018	60	1072 à 1074	59
912, 913	10	973	6	1019	4	1075, 1076	35
914	7	974	12	1020	5	1077, 1078	31
914 *bis*	28	975	8	1021	5	1079	52
914 ter	13	976	13	1022	141	1080	44
915, 916	85	977	3	1023	80	1081	53
917	23	978	10	1024	74	1082	24
918, 919	24	979	10	1025	16	1083 à 1085	26
920	10	980	9	1026	4	1086, 1087	21
921, 922	22	981	2	1027	3	1088	22
923 à 925	81	982	9	1028	2	1089	17
926	15	982 *bis*	5	1029	5	1090	20
927 à 929	30	983	5	1030 à 1032	18	1091, 1092	41
930	26	984	14	1033	7	1093, 1094	21
931	10	985	15	1034	20	1095, 1096	23
932	35	986, 987	5	1035	21	1097	16
933	15	988 à 990	105	1036	18	1098	13
934	23	991	68	1037	20	1099	18
935	15	991 *bis*	62	1038 à 1040	24	1100	37
936	30	992	55	1041 à 1044	19	1101	7

Numéros	Fr.	Numéros	Fr.	Numéros	Fr.	Numéros	Fr.
1102......	5	1148, 1149.	6	1200.....	14	1252......	41
1103......	17	1150......	12	1201......	16	1253......	43
1104......	13	1151......	8	1202......	80	1254......	86
1105......	11	1152......	15	1203......	40	1255......	69
1106......	8	1153......	51	1204	59	1256 à 1258	35
1107......	10	1154......	11	1205......	7	1259......	10
1108......	15	1154 *bis*...	8	1206......	15	1260......	19
1109......	9	1155......	145	1207, 1208.	10	1261......	17
1110......	10	1156......	40	1209......	13	1262.....	120
1111.	7	1157.. ...	69	1210......	60	1263......	76
1112......	8	1158......	72	1211......	66	1264......	70
1113......	18	1159.. ...	20	1212......	16	1265......	14
1114......	8	1160......	7	1213......	22	1266......	7
1115......	9	1161, 1162.	11	1214	72	1267......	6
1116......	4	1163......	29	1215......	10	1268......	7
1117......	7	1164......	3	1216......	8	1269......	36
1118......	8	1165 à 1169	10	1217......	10	1270... ..	18
1119.....	10	1170......	3	1218......	4	1271......	86
1120	21	1171......	4	1219, 1220.	13	1272.....	116
1121......	25	1172......	3	1221......	21	1273......	61
1122......	11	1173......	3	1222......	21	1274......	41
1123......	36	1174 à 1177	16	1223 à 1225	11	1275......	12
1124......	25	1178......	82	1226......	15	1276......	11
1125......	51	1179......	22	1227......	47	1277......	14
1126......	29	1180......	22	1228......	21	1278......	12
1127......	20	1181......	56	1229, 1230.	15	1279......	10
1128	18	1182......	11	1231......	9	1280......	12
1129......	51	1183	50	1232	6	1281......	10
1130......	15	1183 *bis*...	10	1233......	20	1282......	8
1131, 1132.	15	1184......	10	1234......	19	1283......	11
1133, 1134.	13	1185......	10	1235......	12	1284......	58
1135... ..	27	1186 à 1188	17	1236......	13	1285, 1286.	34
1136, 1137.	31	1189	13	1237......	15	1287......	45
1138......	20	1190......	37	1238......	13	1288......	32
1139......	29	1191......	20	1239 à 1242	19	1289......	69
1140.....	21	1192......	7	1243......	12	1290.	37
1141......	7	1193......	5	1244......	17	1291......	31
1142.....	12	1194	22	1245......	43	1292......	40
1143......	22	1195......	5	1246......	49	1293......	76
1144......	6	1196.....	5	1247......	27	1295......	49
1145......	13	1197. .. .	3	1248.....	30	1296.	50
1146......	19	1198.	7	1249......	16	1297......	84
1147......	12	1199......	4	1251......	15	1298......	22

Numéros.	Fr.	Numéros.	Fr.	Numéros.	Fr.	Numéros	Fr.
1299	36	1349, 1350	11	1401	6	1510 à 1512	13
1300	38	1351, 1352	5	1402, 1403	18	1513 à 1515	10
1301	49	1353	40	1404	10	1516	35
1302	30	1353 *bis*, 54	17	1405	21	1517	7
1303	20	1355	11	1406 à 1410	11	1518	9
1304	30	1355 *bis*	13	1411	10	1519	130
1305	50	1356	16	1412 à 1414	4	1520	10
1306	31	1357	13	1415	6	1521	18
1307	52	1358	16	1416 à 1424	25	1521 *bis*	2
1308	36	1359 à 1362	17	1425 à 1426	3	1522	12
1309, 1310	10	1363 à 1366	28	1427	17	1523	16
1311	9	1367	29	1427 *bis*	18	1524	5
1312	55	1368 à 1370	10	1429	8	1525	34
1313	24	1371	30	1430 à 1432	24	1526	30
1314	10	1372	13	1433 à 1438	21	1527	28
1315	11	1373	15	1439	13	1528	8
1316	20	1374	25	1440	24	1529	11
1317	29	1375	4	1441	29	1530	6
1318	36	1376	13	1442 à 1448	38	1531 à 32 *bis*	22
1319	25	1377	10	1449 à 1452	20	1533	50
1320	20	1378	12	1453	30	1534	99
1321, 1322	9	1379	23	1453 *bis* à 55	9	1535, 1536	34
1323	40	1380	36	1456 à 1458	18	1537	20
1324	65	1381	13	1459	4	1537 *bis* à 40	40
1325	43	1382	22	1460	21	1541 à 1543	40
1326	79	1383	108	1461	3	1544	15
1327	38	1384	121	1462	4	1545	11
1328	18	1385	96	1463	14	1546, 1547	28
1329	19	1386	122	1464	9	1548, 1549	25
1330	24	1387	61	1465	22	1550	50
1331	9	1388	22	1466	6	1551	31
1332	5	1389	20	1467 à 1469	21	1552	21
1333	20	1390	102	1470 à 1472	14	1553	12
1333 *bis*	7	1391	63	1473	23	1554	45
1334	4	1392	20	1474	3	1555	12
1335, 1336	11	1393	15	1475, 1476	8	1556	8
1337	4	1394	19	1478 à 1502	120	1557	22
1338, 1339	6	1395	19	1503 à 1506	40	1558, 1559	19
1340	21	1396	9	1506 *bis*	10	1559 *bis*	13
1341	4	1397	55	1507	9	1560	8
1342 à 1345	9	1398	12	1507 *bis*	10	1561, 1562	14
1346, 1347	9	1399	79	1508	23	1563	20
1348	10	1400	31	1509	4	1564, 64 *bis*	16

Numéros.	Fr.	Numéros.	Fr.	Numéros.	Fr.	Numéros.	Fr.
1565 à 1567	18	1612......	43	1657, 1658.	9	1727 à 1730	46
1568......	11	1613......	200	1659......	99	1732 à 1734	46
1569 à 1572	11	1614......	15	1660......	19	1735, 1736.	20
1573, 1574.	27	1615......	17	1661......	13	1737......	33
1575......	29	1616 à 1618	6	1662......	15	1738......	51
1576......	21	1619......	3	1663......	28	1739......	32
1577 à 1580	31	1620......	65	1663 *bis*...	77	1739 *bis*...	26
1581, 1582.	12	1621......	30	1664......	163	1740......	20
1583......	21	1622......	4	1665......	18	1741......	16
1584, 1585.	14	1623......	27	1666, 1667.	37	1742......	8
1586......	5	1624......	25	1668......	26	1743......	68
1587......	10	1625......	22	1668 *bis*...	19	1744......	40
1588......	5	1626......	16	1670......	14	1745......	18
1589......	13	1627......	31	1671......	415	1746......	15
1590......	3	1628......	59	1672 à 1675	30	1747......	7
1591......	5	1629......	8	1676 à 1680	26	1748......	35
1592......	5	1630......	45	1681, 1682.	16	1749......	39
1593......	8	1631......	32	1683, 1684.	17	1750......	25
1595......	100	1632 à 1636	13	1685......	15	1751......	51
1596......	9	1637......	11	1686......	8	1752......	15
1597......	11	1638......	15	1687 à 90 *bis*	35	1753......	36
1598......	80	1639......	4	1691, 1692.	15	1754......	16
1599......	13	1640, 1641.	6	1693 à 1695	37	1755......	123
1600......	5	1642, 1643.	4	1696, 1697.	65	1756......	58
1601......	75	1644......	37	1698......	6	1757......	8
1602......	10	1645......	3	1699......	10	1758......	33
1603......	22	1646......	30	1700......	5	1759......	84
1604......	7	1647, 1648.	3	1701 à 1703	15	1760......	69
1605......	12	1649......	15	1704 à 1711	50	1761......	31
1606......	5	1650......	210	1712 à 1715	23	1762......	25
1607......	11	1651......	2	1716......	5	1763......	13
1608......	12	1652......	8	1716 *bis* à 1721	39	1764......	91
1609......	4	1653, 1654.	15	1721 *bis*...	18	1765......	300
1610......	5	1655......	5	1722, 1723.	40		
1611......	106	1656......	8	1724 à 1726	36		

CHERBOURG, TYP. ET LITH. CH. FEUARDENT, RUE TOUR-CARRÉE, 25.

La collection que nous publions aujourd'hui et dont la vente a été confiée à nos soins, est sans contredit la plus belle et la plus nombreuse suite des monuments numismatiques d'une de nos provinces de la France. Elle n'a de rivales dans notre pays que les collections de la ville de Marseille, de MM. Jarry d'Orléans et Garriel de Paris, qui, eux aussi, n'ont jamais reculé devant aucuns sacrifices pour compléter leurs séries locales.

M. Monnier, amateur éclairé de la Lorraine, avait l'intention bien arrêtée de publier cette admirable suite; il devait faire graver toutes les pièces et laisser à son pays un véritable monument artistique et numismatique de cette si intéressante province.

En publiant ce catalogue, nous aurions désiré remplir en partie les désirs de M. Monnier; mais il aurait fallu de longs mois pour accomplir ce travail, et c'est à peine si nous avons pu obtenir quelques semaines pour décrire plus de 1700 numéros. Nous avons tenu, cependant, à conserver le souvenir de cette belle collection en décrivant autant que possible toutes les variétés intéressantes de ces monnaies, médailles et jetons.

Nous avons fait souvent des numéros séparés pour des pièces insignifiantes en apparence, mais qui présentent cependant un intérêt sérieux. Nous ne doutons pas que les numismatistes ne nous sachent gré de ces détails, comme aussi des efforts que nous ferons pour grouper le plus possible aux enchères publiques les pièces de même nature, afin de ne pas fatiguer les acquéreurs.

Nul n'ignore, qu'en ce moment surtout, les souvenirs qui se rattachent à cette belle province de Lorraine si vaillante et si tourmentée depuis de longs siècles, ont un intérêt capital; nous ne doutons pas que les municipalités de ces diverses villes si patriotes, ne fassent des efforts pour conserver dans leurs musées la plus grande partie de ces souvenirs de leur passé. Certes, nous eussions préféré voir cette incomparable collection rester intacte dans un établissement public, mais, après tant de ruines, on ne pouvait proposer une aussi importante acquisition à aucune ville de cette contrée.

Nous réclamons aussi l'indulgence de nos lecteurs pour les nombreuses fautes qui nous ont échappé dans la correction trop prompte de nos épreuves. Il aurait fallu relire et collationner minutieusement chaque inscription, le temps nous manquait et le nombre des pièces était grand; nous pensons, toutefois, qu'il existe peu de catalogues de vente aussi détaillés.

On nous excusera aussi, nous l'espérons du moins, pour les dénominations que nous avons données à certaines valeurs monétaires. Il était difficile, dans cette série surtout, d'appliquer les noms exacts. Chacun sait que le denier, le petit gros, la bugne ne portaient pas toujours le même nom de ville à ville; nous avons fait en sorte de donner les noms qui sont généralement admis des numismatistes pour chaque module de monnaie selon l'époque où elle a été émise.

Nous avons aussi souvent omis les mots : rare, très rare, même rarissime pour des pièces qui ne se retrouvent nulle part ailleurs que dans cette collection; mais messieurs les amateurs Lorrains sauront certainement reconnaître le mérite réel de ces véritables raretés.

Comme par le passé, nous nous chargerons des commissions qui nous sont confiées pour les ventes publiques avec 5 0/0 pour honoraires; nous tenons aussi, à la disposition des amateurs, les empreintes, soit en papier, soit en cire, des médailles dont ils désireraient connaître au juste l'état de conservation avant de donner leur commission.

C. R. et F.

LORRAINE

MONNAIES, MÉDAILLES

ET JETONS

I. GAULOISES.

MEDIOMATRIKES.

1. Tête à droite devant une lettre à moitié effacée. — ℟. MEDIOMA. Cavalier casqué armé d'un glaive, au galop, à droite. (ROBERT, *Études Num. du Nord-Est*, planche 1, n. 1.) P.B. — Rare. — B.

2. Tête laurée à droite. Cheval à gauche, se retournant à droite, au-dessus une branche. OR triens. — T.B.

II. MÉROVINGIENNES (triens).

3. *Metz*. METTIS..... Buste diadémé à droite. — ℟. .... MVNITAR. Croix sur deux degrés dans le champ. CA. — OR. — B.

4. *Id.* — METTIS CIVETATI. Buste, diadémé à droite. — ℟. ANSOALDVS MONET. Croix simple avec CA. OR. — F.D.C.

5. *Id.* Variété. Une grande étoile sur le manteau. OR pâle. — F.D.C.

6. *Id.* Autre variété. Le manteau quadrillé. OR. — T.B.

7. *Id.* METTI... VTATI. Buste diadémé à droite. — ℟... VDELENVS M.... Croix avec CA. retournés. (*Id.*, pl. IV, fig. 16.) OR. — F.D.C.

8. *Metz ou Melle*. REX ME ? en monogramme, autour, CIVETIAS. ℟. ZEOGILO MON. Croix ancrée entourée d'un diadème. AR. — Saiga. — T B.

9. *Id.* MB sous l'M, trait abréviatif. — ℟. Croix cantonnée ; des lettres M. E. T. et une croix ; inédite. AR. — Saiga. — T.B.

10. *Metz.* RACIO ? légende formant la croix. — ℟. MET. en monogramme. (*Id.*, pl. XII, n. 2, *var.*) AR. — Saiga — B.

11. DAGOBERT III? DAGO. Formant la croix. — ℟. le précédent. AR. — Saiga. — T.B.

12. D. et trait abréviatif. — ℟. MET. en monogramme. AR. — 2 pièces.

13. *Localité incertaine* (des environs de Metz?) MALLO MATRIACO, buste diadémé à droite. — ℟. VVARIMVNDVS MONI. Croix cantonnée de CA. Bas électrum. — F.D.C.

14. *Marsal* MARSALLO. V. Buste diadémé à droite. — ℟. THIVDVLFVS. Croix sur deux degrés accostée des lettres MV (pour MA). OR. — T.B.

15. *Id.* MARSALLO VICO. Le buste précédent. — ℟. THIVDVLFV MONITO. Croix sur deux degrés accostée des lettres MA. (*Id.*, pl. VI, fig. 1.) OR.

16. *Id.* ... SALIVO VICO. Buste diadémé à droite, avec le manteau à carreaux — ℟. ANDOALDO MON. Croix chrismée accostée de V et de deux globules. OR pâle.

17. *Id.* MARSALLO FIT. Buste diadémé à droite. — ℟. LVOLFRAMNO M. Croix sur seul degré. OR pâle. — B.

18. *Vic-sur-Seille.* BODECIO VICO (le D est un Δ.) Buste diadémé à droite. — ℟. DOMNOLENVS MO (le D est encore un Δ). Croix cantonnée de CA. et deux T renversés. (*Id.*, pl. VI, fig. 13.) OR. — T.B.

19. *Id.* BODESIO VICO FIT. Buste diadémé à droite. — ℟. TRASOALDVS MO accostée des lettres CA retournées (cette superbe pièce a été rompue et ressoudée). (*Id.*, pl. VI, fig. 15. *var.*) OR. — F.D.C.

20. *Moyen-Vic?* OC. NSANO M. Tête diadémée à droite. — ℟. MDIAN. VICO DPP. Croix ancrée avec CA retournés. OR. — T.B.

21. *Billy?* BILVCOVICORT. Buste à droite. — ℟. BABONE M..... Croix sur une base avec C. V. pour CA. Electrum. — T.B.

22. *Sarrebourg.* SARREBVRCO. Buste diadémé à droite. — ℟. ŒABONE MOVITA. Croix accostée de CA retournés. OR. — T.B.

23. *Licheim?* VIXIVVADICIV (pour LIXIVVADI CIV ?). Buste diadémé à droite. — ℟. VEICVTIS VTISVITA en légende rétrograde. Croix accostée de CA retournés. Bas électrum ou AR.

24. *Scarpone*. SCARPONNA. FIT (FT. en monogramme). Buste diadémé à droite.—℟. FAINVLFO MONETA. Croix accostée des lettres CA. (*Id.*, pl. VIII, n. 6.) OR. — T.B.

25. *Toul*. TVLLO CIVITATI. Buste diadémé à droite. —℟. DRVCTOALDVS MONI. Croix sur un globe accostée de TV. OR. — T.B.

26. *Id*. TVLLO CIVETATI. Tête diadémée à droite. — ℟..... ALDO MONET. Croix ancrée accostée des lettres TV. OR. — B.

27. *Id*. TVLLO CIVE. Buste diadémé à droite.— ℟. ROSITA MC (pour MO). Croix cantonnée de quatre points. OR. — F.D.C.

28. *Chalaine*? (près Vaucouleurs?) PALACEOLO. Buste diadémé à gauche.—℟. DOMEGIS. Croix accostée des lettres CA. OR. — B.

29. *Verdun*. VEREDVNO FIET. Buste diadémé à droite. — ℟. FRANGIVLFVS MV. Croix longue sur un globe. (*Id.*, pl. IX, n. 10.) OR. — T.B.

30. *Mouson*. MOSOMO FIET. Tête diadémée à droite.—℟. BODIO MO. Croix longue sur un globe. OR. — T.B.

31. *Mouson*? MOOSA VOCO. Buste diadémé à droite. — ℟. MARCVLFO MON. Croix sur deux degrés. OR. — TB.

Cette dernière pièce que nous croyons unique pourrait aussi être classée à une autre ville de la Meuse? Peut-être Meuvy du pays de Langres.

32. *Localité incertaine*. GREDACA FIT. Buste diadémé à dr.— ℟. SANTOLO MON. Croix longue sur deux degrés accostée de CV. Pièce un peu rognée (fabrique de Châlons-sur-Saône). OR bas titre. — B.

33. *Spire*. SPIRA (l'R en forme de Π grec). Buste barbare, diadémé à droite. — ℟. BODV M. Croix sur un globe posé sur un degré. OR.

Cette pièce avait été attribuée à tort à Épinal.

34. *Bar-le-Duc*? (ou Bar de la Corrèze). BARRO CASTRO. Tête très barbare à droite. — ℟. MARIVLFVS M. Deux figures debout (Voir ROB., page 166, var.). OR.

III. CARLOVINGIENNES.

Pépin le Bref (752 à 768).

35. *Verdun*. P.RX.F. au-dessus un signe abréviatif.—℟. VIR DVN en deux lignes, au centre une croisette (A. DE LONGPÉRIER, *Rev. Num.*, 1858, p. 225, fig. 13). Pièce provenant de la trouvaille d'Imphy. Très rare et superbe denier.

35 *bis*. Mêmes lettres, en monogramme.—℟. VIR DVN également en deux lignes séparées par une barre, à gauche une croix, à droite trois points (même article, fig. 12). Il manque une petite partie de la pièce. Beau denier.

Charlemagne (768 à 814).

36. *Verdun*. CAROLVS en deux lignes horizontales.—℟. VIRDVNS entourant un globe placé au milieu d'un centre. Denier—T.B.

Louis I le Débonnaire (814 à 840).

37. *Verdun*. HLVDOVVICVS IMP. Croix. —℟. VIRID VNVM en deux lignes. (ROB., pl. XII, fig. 8). Denier. — T.B.

Lothaire I, Empereur (817 à 855).

38. *Metz*. HLOTHARIVS IMP. Croix.—℟. MEDIOMATRICIS en trois lignes. (*Id.*, pl. XIII, fig. 1.) Rarissime et beau denier.

39. HLVTHARIVS MIP. Croix cantonnée de quatre points. — ℟. MEDIOMATRICORVS. Temple tétrastyle. (*Id.* pl. XIII, fig. 3). Aussi rare et beau denier.

Cette dernière pièce paraît avoir été frappée à la fin du règne de Lothaire II.

Lothaire II, Roi (855 à 865).

40. *Verdun*. HLOTHARIVS REX. Croix cantonnée de quatre points.— ℟. VIRDVNVM CIVIS. Temple avec deux globules placés entre les degrés. (ROB., pl. XIII, fig. 10.) Denier.—F.D.C.

41. *Id.* Même pièce sans les points entre les degrés. Denier.—F.D.C.

Charles II le Chauve (869 à 875).

42. *Toul*. GRATIA DII REX. Monogr. par K.—℟. TVLLO CIVITAS. Croix. Denier.—T.B.

42 *Id. bis*. Même pièce. Obole, mal frappée.

43. *Bar*. GRATIA ONIS SEX. Même monogramme. — ℟. CASTELLI BARS. Denier.

44. *Château Porcien*. GRATIA DII REX. Monogramme par K.— ℟. PORCO CASTELLO. Croix. Denier. — T.B.

45. *Vendeuvre*. GRATIA DII REX FR. Monogramme par K. — ℟. IN FISCO VENDRNT. Croix. Denier. — T.B.

46. *Mouson*. GRATIA DI R. Même monogramme. — ℟. MOSOMO MOINIT. Croix. Denier. — F.D.C.

Louis de Saxe (873 à 882).

47. *Marsal*. GRATIA DII REX. Croix évidée entourée de LVDOVICVS. — ℟. MARSALLO VICO. Croix. (*Id*. p. 208.)
Très rare et beau denier.

Charles le Gros, Roi de Lorraine (882 à 887).

48. *Verdun*. GRATIA D'I REX. Monogramme par K., barbare.— ℟. VIRDVNVM CIVI. Croix, trace de points. Denier.—T.B.

49. *id*. GRATIA DII RE. Même monogramme, meilleur style. — ℟. VIRDVN CIVITAS, Croix cantonnée de quatre points. Denier.—T.B.

50. *Verdun*. GRATIA DI RX. Même monogramme, barbare. — ℟. VIRDVNI CIVIS. Même croix. Denier. — B.

51. *Verdun*. REX IMPERATOR. Monogramme de Charles, par K.—℟. VIRDVNVM CVI. Croix cantonnée de quatre points. (ROB., pl. XIV, n. 10.) Denier. — B.

Le savant académicien classe cette rare monnaie à Charles le Chauve ; nous ne croyons pas qu'il ait été frappé sous ce règne de deniers avec la croix cantonnée des quatre points.

52. *Metz*. GRATIA FI DI. Monogramme par C. — ℟. METTIS CIVITAS. Croix cantonnée d'un point. Denier.—B.

53. *Metz*. Obole au même type. Obole très rare.

54. *Metz*. GRATIA RX. Même monogramme. —℟. METTIS CIV. Croix, 2 pièces très barbares. Denier,

Louis l'Enfant (900 à 912).

55. *Verdun*. LVDOVVICVS. Dans le champ; REX. — ℟. VIRDVNI CIVITAS. Croix. (*Id*., pl. XV, fig. 9). Denier.—T.B.

56. *Verdun*. Mêmes légendes et mêmes types (pl. XV, fig. 12).
Obole très rare.

Charles le Simple (912 à 923).

57. *Toul.* KAROLVS REX. Croix cantonnée de quatre points. — ℟. TVLLO en une seule ligne. (*Id.* pl. XVI, n. 6.) Beau denier très rare.

58. *Verdun.* CAROLVS. Dans le champ: REX. — ℟. VIRDVNI CIVITVS. Croix. Denier unique?

Louis IV d'Outremer.

59. *Toul.* LVDOVVICVS IX. Croix cantonnée de quatre points. — ℟. TVLLO en une seule ligne. (*Id.*, pl. XVI, n. 11.) Beau denier très rare.

Henri l'Oiseleur (923 à 936).

60. *Metz.* HENRICVS REX. Croix cantonnée de quatre points. — ℟. METTIS CIVITAS. Temple à deux colonnes. (*Id.*, pl. XVII, n. 2.) Rare et beau denier.

61. *Verdun.* HENRICVS. Dans le champ : REX. — ℟. VIRDVNI. Croix cantonnée d'un point. (*Id.*, pl. XVII, n. 4.) Denier rare.

62. *Virdun.* Même pièce, avec HEINRICVS. (*Id.*, pl. XVII, n. 5.) Très beau denier.

63. Même pièce, moins belle. Denier.

64. Mêmes légendes et mêmes types. 4 pièces. Oboles.

65. Deniers à légendes barbares aux mêmes types. 14 pièces.

66. Obole à légendes barbares aux mêmes types. 1 pièce.

Monnaies frappées sous les derniers Carlovingiens.

67. *Blainville?* CARLVS REX. Croix cantonnée de quatre points. — ℟. BLEDONIS. Temple. 4 pièces. Deniers variés.

68. *Id.* Mêmes légendes et mêmes types. Obole très rare.

69. *Id.* CARLVS REX. Croix cantonnée de deux S. — ℟. BLEDONIS. Tête de face. 2 pièces Denier rare.

IV. DUCS BÉNÉFICIAIRES DE LORRAINE?

Adalbert. ?

70. *Basle?* ADALBERTO. Cœur, le tout entouré d'un grenetis. — ℟. BASCI ? en lettres barbares, pour Basilea Civitas? (LELEVEL, pl. XVII, n. 3.) Denier.?

Thierry? (983 à 1024).

71. THEODERIC.. X. Deux bustes en regard soutenant un sceptre surmonté d'une couronne. — ℟. Sans légende, grande croix. Denier.—B.

Godefroi le Barbu?

72. GOTDEFRID DVX. Buste à droite. — ℟. S... MARIA. Dans le champ, VIRGO. En trois lignes. 2 pièces. Denier.—B.

Arnoult.

73. *Toul.* ARNVLFVS REX. Croix pattée. — ℟. TVLLO CIVITAS. Croix cantonnée de quatre points. Denier.

Toutes les monnaies décrites dans les séries II, III et IV sont de la plus grande rareté; aussi avons-nous évité de le répéter à chaque numéro.

V. DUCS HÉRÉDITAIRES DE LORRAINE.

Pour toutes les monnaies ducales, nous citerons seulement les numéros des planches du bel ouvrage de M. F. DE SAULCY, *Recherches sur les monnaies des ducs de Lorraine*. Un vol. grand in-4., 36 planches. Lorsque nous citerons, soit la *Revue Numismatique*, soit la *Brochure de Rollin, etc.*, nous aurons soin de le mentionner.

Gérard d'Alsace (1048 à 1070).

74. GER.... Édifice. — ℟... ATVS Tète de Saint-Deodat à gauche. (Pl. I, n. 3, var.). Denier.

75. GERARDVS DVX. Croix cantonnée de deux points. — ℟. SCS PETRVS. Édifice carré. (Pl. I, fig. 2.) Denier.—T.B.

76. GERARDVS DVX. Édifice. — ℟. S DEODATVS... Buste de saint Deodat. Pièce surfrappée. Denier.—B.

Thierry (1070 à 1115).

77. DEODERICVS Croix. — ℟. S PETRVS en deux lignes dans le champ. 2 pièces. (Pl. I, fig. 6.) Denier.—B.

Ces deux rarissimes pièces sont un peu variées de celle publiée par M. F. DE SAULCY. Elles se complètent l'une par l'autre; elles peuvent appartenir également à Thierry II, évêque de Metz.

Mathieu I (1139 à 1176).

78. *Nancy.* MAHVS. Buste casqué à mi-corps, tenant de la main droite une épée, de la gauche un bouclier. — ℟. NANCEI. Croix cantonnée de deux points, d'un croissant et d'une étoile. Denier B. très rare.

Berthe (1176).

79. *Nancy*. BERTA. Buste de la duchesse, à gauche, un sceptre dans la dr. — ℟. NANCEI. Croix cantonnée de deux points. (Pl. XXXVI, n. 28.) Pièce rare. Denier. — T.B.

80. *Id*. Variété de la même pièce; le corps plus de face. Denier. — B.

81. PICA. Même buste. — ℟. le même. 2 pièces. (*Id*., n. 29). Denier. — B.

Simon II (1176 à 1205).

82. *Saint-Diey*. Cavalier, à droite, sous le cheval S entre deux points. — ℟. SAINDIEI. Épée accostée de deux S. (Pl. I, n. 9.) Denier. — F.D.C.

83. *Id*. Variété, deux roses de points sous le cavalier. Denier.

Ferri II (1205 à 1213).

84. *Nancy*. Cavalier à droite; châtel sous le cheval. — ℟ F.DVX LOT. Croix cantonnée de deux points. (Pl. I, n. 11.) 2 pièces. Denier. — T.B.

85. *Nancy*. Sans légende; cavalier à droite, châtel sous le cheval. — ℟. NANCEI. Épée en pal accostée d'un lys et d'une croisette. 3 pièces. Denier.

Mathieu II (1220 à 1251).

86. *Sierk*. Cavalier à droite. — ℟. CIRKES. Croix pattée. (Pl. II., n. 2.) 2 pièces. Denier.

87. *Id*. Même type, un trèfle sous le cheval. (Pl. II, n. 1). Denier.

88. *Id*. Cavalier à droite. — ℟. CIRKES. Aigle sur un écusson. (Pl. II, n. 3.) Denier. — TB.

89. *Nancy*. Cavalier à droite, M sous le cheval. — ℟. NANCEI. Aigle éployé de face, la tête à gauche. (Pl. II, n. 8.) 5 pièces variées. — Denier.

90. *Id*. Variété, NACEI. Lys sous le cheval. (Pl. II, n. 9.) 3 pièces variées. — Denier.

91. *Mirecourt*. Cavalier à droite, dessous IA. — ℟. MVRICOR. Aigle ou alérion. Denier. — T.B.

92. *Id*. Cavalier à droite, sans symbole sous le cheval. — ℟. MERICORT et MVRICORT. Épée en pal sans accostement. (Pl. XXXVI, n. 3.) 8 pièces variées. Denier. — T.B.

93. *Lunéville*. Cavalier à droite, dessous un croissant. — ℟. LINIVILE. Aigle éployé de face, la tête à droite. Très rare. Denier. — T.B.

94. *Id*. Même pièce, rien sous le cheval. (Pl. II, n. 7.) Denier. — T.B.

95. *Id*. Même pièce, rarissime. Obole. — T.B.

96. *Thionville*. Cavalier à droite. — ℟. TIONVILE. Croix (Pl. II, n. 5.) Rarissime. Denier. — B.

97. *Nancy*. Cavalier à droite. —℟. NANCEI. NACEI. NENCI. NASCI, etc. Épée en pal accostée d'un lys et d'une croix. (Pl. XXXV, n. 16, etc.). 8 pièces variées. Deniers.—B.

98. *Id*. Même pièce. Deux rosaces accostent l'épée. (Pl. II, n. 29.) Denier. — B.

99. *Id*. Autre. Deux croisettes de forme différente. Denier.—B.

100. *Id*. Autre. L'épée sans accostement. 3 pièces. Denier.—B.

101. *Id*. Cavalier à droite, un lys sous le cheval. —℟. NACEI et NENCEI. Épée entre un lys et une croix. 3 variétés. 4 deniers. — B.

102. *Id*. Cavalier à droite.—℟. NENCI. NENCEI. NENECI. NANCEI. Ecusson de Lorraine. (Pl. II, n. 16.) 12 pièces, 8 var. — Denier.

Ferri III (1251 à 1303).

103. *Nancy*. FERI. Cavalier à droite. — ℟. NANCEI NVANCEI. etc. Écusson de Lorraine. (Pl. XXXV. n. 4.) 4 variétés, 8 pièces. — Deniers.

104. *Id*. FER et FERI. Même cavalier.—℟. NANCEI. Épée accostée d'un lys et d'une croix. (Pl. II, n. 27.) 8 pièces. — Deniers.

105. *Id*. Variété. L'épée accostée de deux croix. Rare. Denier. — T.B.

106. *Id*. Autre variété. L'épée accostée d'un croissant et d'une étoile. (Pl. II, n. 20-25 et pl. XXXV, n. 23.) 6 pièces var. Deniers. — B.

107. *Id*. Même légende, quelquefois rétrograde et même cavalier. — ℟. NANCEI. Bras tenant une épée accostée d'un croissant et d'une étoile. (Pl. II, n. 19-20-21 et XXXVI, n. 6 et 9. 10 variétés. 21 pièces. — Deniers.

108. *Id*. Même pièce. Très rare. Obole. ? — T.B.

109. *Id.* Même pièce l'épée sans accostement. (Pl. II, n. 22, et XXXVI, n. 5.) 3 pièces, 2 variétés. — Deniers.

110. *Id.* FERRI. Écusson de Lorraine. — ℟. NANCEI en deux lignes entre les deux cantons supérieurs d'une croix, deux lys dans les cantons inférieurs. (Pl. II, n. 14.) 3 pièces var. — Deniers. — B.

111. *Neuf-Château.* Cavalier à droite, lys sous le cheval. — ℟. NVEFCHA. Bras armé d'une épée accostée d'un croissant et d'une étoile. (Pl. III, n. 2). 10 pièces var. — Deniers.

112. *Id.* Cavalier à droite, A sous le cheval. — ℟. NVEFCHATEL et CHATL. Épée entre deux points. (Pl. XXXVI, n. 24-25.) 5 pièces var. — Deniers.

113. *Id.* Même pièce avec A, le cavalier courant à gauche. Très rare et T.B. Denier.

114. *Id.* Même pièce. Cavalier à droite, dessous AI. sans accostement (Pl. XXXVI, n. 22-23.) 2 pièces. — Deniers.

115. *Id.* Autre variété, I sous le cheval. Denier.

116. *Id.* Même cavalier, IA sous le cheval. — ℟. NVEFCHA. Bras tenant une épée accostée d'un croissant et d'une étoile. (Pl. XXXVI, n. 20.) 5 pièces variées. — Deniers. — B.

Thiébaut II, sire de Rumigny (1281 à 1303).

117. *Neuf-Château.* Cavalier à droite, dessous une étoile entre deux points. — ℟. NOVI CASTRI. Croix. 4 pièces. — Deniers.

118. *Id.* NOVO CATRI. NOVO ACTRI. Mêmes types. (Pl. III, fig. 12-13-14.) 8 pièces var. — Deniers.

Thiébaut II duc (1303 à 1312).

119. *Nancy.* T DVX LOTHOREGI . Cavalier armé de toutes pièces galopant à droite. — ℟. MONETA DE NANCEI. Épée la pointe en bas accostée de deux alérions. (Pl. III, n. 16.) Grand denier. — T.B.

120. *Id.* T. DVX. Le duc à pied tenant son épée. — ℟. NANCEI. Épée, la pointe en bas. (Pl. III, n. 16.) Denier. — T.B.

121. *Id.* Même légende et même type. Très rare et belle obole.

Ferri IV (1312 à 1328).

122. *Nancy.* FERI : DVX : LOTHOREGIE. Le duc à cheval à gauche, tenant un étendard aux trois alérions et se couvrant d'un

écu aux trois alérions. — ℟. MONETA FACTA APVD NANCEYVM, en légende extérieure. Seconde légende : SIGNVM CRVCIS. Croix. AR. Gros. — T.B. Très rare.

123. *Id.* Variété de la même pièce. L'étendard sans alérions. AR. Gros.—F.D.C. Très rare.

124. *Id.* F. DVX LOTHOREGIE. Cavalier à droite, armé d'une lance à banderolle. — ℟. MONETA DE NANCEI. Epée entre deux alérions. (Pl. III, n° 19.) 3 variétés. Double denier.—T.B.

125. *Id.* F. DVX. Cavalier à droite armé d'une lance à banderolle. — ℟. NAN CE. Épée entre deux alérions. Denier. — T.B.

126. *Id.* F. DVX LOTOR. Le duc à pied, se couvrant d'un écu et tenant une épée la pointe en bas; près de lui, bande verticale, aux trois alérions. — ℟. MONETA D. NACEI. Épée. la pointe en bas, à gauche bande verticale aux trois alérions. (Pl. III, n. 21—23). 3 var. Double denier T.B.

127. *Id.* F. DVX. Le duc à pied, combattant à dr. — ℟. NANCEI. Epée. (*Id.*, pl. III, 20.) Denier.—T.B.

128. *Id.* Variété de la même pièce. Denier.—T.B.

129. *Id.* Autre variété. Denier.—T.B.

130. *Id.* Quatrième variété. Denier.—T.B.

131. *Id.* FERE-DVX. — Écusson de Lorraine. — ℟. MONETA. NACES. Epée, la pointe en bas. Denier. —T.B.

132. FERRIC. Dans les angles rentrants d'une étoile, au centre l'écu de Lorraine.—℟. DVX LOTOREGIE. Croix fleuronnée. (Pl. IV, n. 3.) Double denier. —F.D.C.

133. FERC. RI. Même type.—℟. DVX.M. dans les cantons d'une croix pattée. (Pl. IV, n. 5.) Denier.—T.B.

134. THEODER. Même type. — ℟. LOTHORINGIE. Croix fleuronnée. Double denier. —Très rare.—B.

135. TVRONVS DVCIS. Châtel entouré de lys. — ℟. BNDICTV : SIT : etc., et en légende intérieure LVTOREGIE DVX. Au centre croix. (Pl. IV, n. 9.) Gros, très rare et B.

136. TVRONIS DVCIS. Châtel. — ℟. Légende extérieure comme au précédent, et intérieure T. PERRICVS DEVX. Croix. Gros, très rare et T.B.

136 *bis.* Même pièce, très rare (Pl. IV, n. 10.) Demi-gros.—F.D.C.

137. Même droit. — ℟. PHIRICVS DEVX. Croix. (Pl. IV, n° 8.) Gros, très rare et B.

138. FERRICVS. Croix fleuronnée de Bourges, dont le pied coupe la légende. — ℟. FOR / TIS LOTOREGIE. Couronne très rare. Denier de billon. — T.B.

139. Même pièce un peu variée. Denier de billon. — T.B.

140. FERRICVS DEI GRA. Tête des esterlins. — ℟. LON TON REN GIE. Croix coupant la légende. Cantonnée de 12 besants. (Pl. IV, n° 14.) Esterlins. — T.B.

141. DVS DE LOTORENGIE. Même tête. SIGNVM CRVCIS. Croix *id.* (Pl. IV, n° 15.) Esterlin. — B.

142. EC MONETA NOSTRA. Tête *id.* — ℟. LVNTOLENGIEN. Croix *id.* Esterlin. — T.B.

143. HIC MONETA NOSTRA. LVNTOLENGIEN. Croix *id.* Esterlin. — T.B.

144. PHIRICVS DEVX. Dans le champ, FRANCO en deux lignes. — ℟. TVRONVS DVCIS.. Croix. Denier de billon.

Gaucher de Chatillon (1318 à 1323).

145. *Neufchâteau.* GAVCERI C PORCIESISI. Cavalier à gauche comme au n° 122). — ℟. CONESTABILIS FRANCIE, en lég. extérieure et en légende intérieure. M. NVCASTELI. Croix. Gros. — B.

146. *Id.* G. COMES PORCIEN. Cavalier à droite. — ℟. MONETA NOVICASTI. Épée entre deux alérions. (Pl. IV, n° 18.) Tiers de gros — T.B.

147. *Id.* Variété avec NODICASTILI.. Tiers de gros. — F.D.C.

148. GALES COMES PORCI. Tête des esterlins. — ℟. MONETA NOVICA. Croix cantonnée de 12 besants. 2 p. variées. Esterlin. — B.

149. GALCHS COMES PORC. Tête des esterlins. — MONET NOVA YVE. Même croix. 4 pièces variées. — *Id.* B. et T.B.

150. GAVCH. Guerrier du n. 127. — ℟. VEDEMN. Épée, la pointe en bas. Denier. — T.B.

RAOUL (1329 à 1346).

151. RADVLPHVS DVX MARCHIO. Épée entre deux écussons surmontés d'un trèfle chacun. — ℟. MONETA DE LOTHORINGIA. Croix fleuronnée dans un contour 4 arcs. (Pl. V, n. 4.) Demi-plaque. — T.B.

152. RADVLPHVS DVX. Épée entre deux écussons. — ℟. MONETA DE NANCEI. Croix. (Pl. V, n. 6.) 2 pièces quart de gros. — T.B.

153. RADVLPHVS MARCHIO. Bande de lorraine dans quatre arcs de cercle. — ℟. DVX LOTHORINGIE. Épée entre deux alérions. (Pl. V, n. 10.)
2 pièces var. — Double denier — T.B.

154. R. DVX LOTHORINGIE. Écusson de Lorraine dans trois arcs de cercle. — ℟. MONETA DE NANCEI. Épée entre deux écussons surmontés de trèfles. (Pl. V, n. 5.)
2 pièces variées. — Double denier — T.B.

155. RADVLPHVS DVX. Même écusson entouré de trois arcs de cercles. — ℟. MONETA DE NANCEI. Épée entre deux écussons. (Pl. V, n. 5 bis.) Denier un peu rogné.

156. RADVLPHV Écusson de Lorraine dans un carré formé par quatre arcs. — ℟. MONETA NANCEI. Épée. (Pl. V, n. 8.)
Denier de billon. — T.B.

157. R.D-VX. Bande de Lorraine. — ℟. LOTORENGIE, autour d'une croix. (Pl. V, n. 7.) Denier. — B.

MARIE DE BLOIS (1346 à 1348).

158. MARIE DVCHESS MANBOVRS DE LA DVCHE. Deuxième légende. MONETA DE NACEI. Croix cantonnée de 4 couronnes. — ℟. IOHANNES DVX MARCHIO DE LOTHORIGIA. Écusson de Lorraine et de Blois dans un contour de 4 arcs. 3 avec couronnes. (Pl. V, n. 13.) Grande plaque — F.D.C.

159. Même pièce. DE LOTHORIGI, etc.
2 variétés. — Grande plaque. — T.B.

160. Autre. DE LOTHORIGIE. Grande plaque, — T.B.

161. Autre. LOTHORIGEI. Grande plaque. — T.B.

162. IOHANNES DVX MARCHIO DE LOTHORIGIA. Même type. — ℟. MARIE DVCHESE MANBOVRS DE LA DVICH. Même type. MONETA NOVICHAS. (ROLLIN desc. pl. I.)
Grande plaque. — B.

Jean I (1346 à 1389).

163. IOHANNES DVX MARCHIO DE LOTHORIGIA. Écusson et types des précédentes. — ℟. BNDICTV : SIT : NOME : DNI : NPI : DEI : IHV. XPI, et en légende intérieure : MONETA DE NACEI. Croix cantonnée de 4 couronnes. (Pl. VI, n. 1.)
Grande plaque. — F.D.C.

164. IOHANNES DVX MARCHIO DE LOTHORIGIA. Mêmes types. — ℟. BNDICTV : etc.... MONETA DE PVINEI. Croix. (Rollin, pl. II n. 1.) Grande plaque. — B.

165. IOHANNES DVX MARCHIO LOTH. Épée sur un écusson de Lorraine ; de chaque côté un heaume timbré d'un aigle. — ℞. BNDICTV SIT, etc. Légende intérieure. — MONETA DE NANCEIO. Croix au centre. (Pl. VI, n. 13.)
Grande plaque. Très rare. — F.D.C.

166. IOES DVX LOT MARCH. Heaume timbré d'un aigle posé sur un écusson penché. — ℞. MONETA FCA IN NANCEI. Épée entre deux écussons. (Rev. num. 1842, pl. VIII, fig. 2.)
Deux pièces. Gros. — F.D.C.

167. Mêmes légendes et mêmes types. Demi-gros. — F.D.C.

168. IOHES DVX LO. Heaume timbré d'un alérion sur un écu penché. — ℞. MONETA DE NANCE. Croix. (Rollin, descript., pl. II, fig. 4.) Très rare. Denier. — F.D.C.

169. IOH'S DVX LOTHORI. Heaume timbré d'un alérion sur un écusson penché. — ℞. MONETA DE NANCEIO (rose). Épée entre deux étoiles. (Rollin, descript., pl. II, fig. 5.)
Demi gros. — F.D.C.

170. IOHES DVX LOTHOR. Heaume comme aux précédentes. — ℞. BNDICTV SIT, &. — GROSSVS NANCES, &c. Épée (Var. de la pl. VII, n. 9), mais sans rosaces près de l'épée, etc.
Gros. Très rare. — F.D.C.

171. IOHANNES DVX LOTHORIGIE. Buste de face armé de toutes pièces. — ℞. XPC. VINCIT XP. REGNAT XP. IMPERAT, et en lég. intérieure : MONETA DE NANCEIO. Aigle posé sur un écu penché. (Pl. VI, n. 9.)
Très rare et superbe pièce. Plaque. — T.B.

172. IOHANNES DVX MARCHIO. Buste comme au précédent. — ℞. MONETA DVCIS LOTHORIG. Aigle *id.* (Pl. VI, n. 10.)
Très rare et superbe pièce. Tiers de plaque. — T.B.

173. IOHANNES DVX MARCH. Heaume entouré de 10 arcs de cercle, timbré d'un aigle sur un écu penché qui coupe la légende. ℞. MONETA D NANCEIO IN LOTHORIG. Croix fleuronnée avec alérion au centre. (Pl. VII, n. 7.) Gros. Très rare. — T.B.

174. IOHANNES DVX LOTHOR ET MAR. Deux épées croisées. Écusson dans un contour de six arcs. — ℞. BNDICTV, etc., et en légende intérieure : MONETA SIERK'. Deux épées croisées. Croix. (Pl. VII, n. 3.) Gros. — T.B.

174 *bis*. IOHANNES DVX MARCHIO LOT. Le duc debout de face, tenant son épée, la gauche sur son bouclier. — ℞. MONETA DE NOVO CASTRO. Croix fleuronnée dans un cercle à quatre lobes et quatre pointes. Inédit. Rarissime. Gros. — F.D.C.

175. IOH' DVX MARCHIO. L. Alérion sur un écu penché. — ℞. MONETA DE NANCEIO. Croix. Inédit. Quart de gros. — T.B.

176. IOHANNES DVX LOTH'. Aigle éployé sur un écusson droit.— ℟. MONETA FCA. IN NANCEIO. Epée entre deux roses. (Pl. V, n. 14.) Demi-gros.— T.B.

177. IOHES'. DVX· LO'. Aigle sur un écusson droit. —℟. MONETA DE NANCEI. Epée entre deux roses. (Pl. VI, 15.) Denier. — T.B.

178. IOHES DVX LOTHOR Z. MAR. Le duc debout, l'épée à la main. — ℟. MONETA FACTA IN NANCEIO. Croix cantonnée de quatre alérions (Pl. VII, n. 5.) Gros. — B.

178 *bis*. Même type. (Pl. VII, n. 6.) Demi-gros. — F.D.C.

179. IOHES DE GRA LOTHR DVX. Deux écussons de Lorraine, au-dessus une grosse étoile à rayons courbes ou rosace. — ℟. MONETA DVCIS LOTR. IN CIERK. Croix cantonnée de 4 étoiles ou rosaces. (Pl. VII, n. 1.) Gros. Rare.—F.D.C.

180. IOHES DVX LOTOR ET MARCH'. Écusson de Lorraine dans un contour de dix arcs. — ℟, MONETA FECTA IN NANCEIO. Epée entre deux alérions. (Pl. VII, n. 2.) Gros. — F.D.C.

181. IOHANNES MARCHIO. Bande de Lorraine dans un contour de 4 arcs, — ℟. DVX LOTHORINGIE. Epée entre deux alérions (Pl. VI, n. 2.) Demi-gros.

182. IOHS DVX MARCHIO. Heaume timbré d'un aigle, posé sur un écusson de Lorraine penché. — ℟. MONETA DE NANCEIO. Aigle sur un écusson penché. (Pl. VI, n. 11.) Tiers de gros. Rare. — F.D.C.

183. IOHANNES DVX MARCHIO. Épée entre deux écussons, au-dessus de chacun et au-dessous un trèfle. — ℟. MONETA DVX LOTHORIGIE. Écusson surmonté d'un trèfle et accosté de deux autres trèfles. (Pl. VI, n. 4.) Demi-gros. — T.B.

184. IOHANES DVX. Alérion. — ℟. MONETA NANCEI. Épée entre deux roses. (Pl. VI, n 16.) 5 pièces variées. Deniers. —T.B.

185. Mêmes types. 2 pièces variées. Oboles. — B.

186. IOHANES DVX. Aiglon. —℟. MOTA NOVICASTRI. Épée entre deux roses. (Rev. num. 1842, fig. 4.) Denier de billon.

187. IOH DVX LOT. Écusson de Lorraine. — ℟. MONETA NANCEI. Epée. (Rollin, n. 7.) Très rare. Petit denier d'argent.—T.B.

188. IOHES DVX LOTHOR. Écusson de Lorraine. — ℟. MONETA IN SIERCK. Épée entre deux roses. (Pl. VII, n. 4.) 2 pièces. — Denier.

189. IOHANES DVX. Aiglon. — ℟. MONETA IN SIER. Epée entre deux roses. (Pl. VI n. 15.) 2 pièces.—Petit Denier. —T.B.

190. IOHANNES DVX. Dans le champ, MARCHI en deux lignes. — ℟. MONETA DE NANCEI. Croix longue (imitation du denier de billon du roi Jean II). Très rare denier. — T.B.

191. IOHANNES DVX. Écusson de Lorraine. — ℟. MONETA DE NANCEI. Épée entre deux roses, inédite.
Denier de billon — B.

Jean et Robert, duc de Bar (1371).

192. IOHANNES ET ROBERT, DVX. Écusson mi-partie Lorraine et Bar. — ℟. MONETA DE NANCEIO. Croix.
Rarissime tiers de gros, inédit. — T.B.

193. IOHANE ET ROBER DVX. Même écusson surmonté d'un alérion ? et accosté de deux croix fichées. — ℟. MO..... DE NAC. Croix cantonnée de S. O. C. I.
Denier aussi rare et inédit. B.

Charles II (1390 à 1431).

194. KAROLVS DVX LOTHOR Z M! Le duc debout l'épée à la main — ℟. BNDICTV S! NOME DNI NPI IHV XPI, et en légende intérieure MONETA DE NANCI. Croix coupant la légende. (Pl. IX, n. 8.) 2 pièces. Gros. — B.

195. KAROLVS DVX LOTHOR Z. M. Le duc en pied. — ℟ BNDICTV etc. et en lég. int. GROSSVS : DE NANCEI. Croix. (Pl. VIII, n. 1.) 2 pièces. Gros — B. et T.B.

196. KAROLVS DVX LOTHOR Z! M! Le duc en pied. — ℟. Écusson de Lorraine. MONETA FCA IN NANCEIO. Croix. (Pl. VIII, n. 2.) Très rare. — Demi gros. — F.D.C.

197. KAROLVS DVX LOTHOR! Le duc en pied appuyant sa droite sur l'écuson de Lorraine. — ℟. MONETA FCA IN NANCEY. Croix coupant la légende et cantonnée de deux K et de deux alérions. (Pl. IX, n. 11.) Gros. — T.B.

198. KAROLVS DVX LOTHOR Z M. Le duc à cheval à gauche, il est coiffé d'un heaume couronné, timbré d'un aigle. — ℟. MONETA FCA IN NANCEY. Croix évidée, cantonnée et fleuronnée de quatre trèfles. (Pl. VIII, n. 3.)
Pièce très rare. — Gros. — T.B.

199. KAROLVS DVX LOTHO! Cavalier à gauche. Heaume couronné. — ℟. MONETA FCA IN NANCEI. Même croix. (Pl. VIII. n. 5.) Très rare. — Demi-gros. — F.D.C.

200. KARO. dans le champ, LOTHOR DVX en lég. circulaire. — ℟. MONETA NANCEI. Épée entre deux alérions. (Pl. IX, n. 12.) 2 pièces. Rares deniers de billon.— T.B.

201. KAROLVS DVX. Aigle sur un écusson de Lorraine, droit. — ℟. MONETA DE NANCEI. Épée entre un alérion et un barbeau. (Pl. IX, n. 4.) 3 pièces. Deniers.—B.

202. Même pièce. L'épée entre deux étoiles. (Pl. IX, n. 2.) 3 pièces. Deniers.—T.B.

202 *bis*. Autre variété. L'épée entre deux roses. Denier.—B.

203. KAROLVS ⁝ DVX ⁝ LOTHOR ⁝ ET ⁝ MAR'. La légende commence par deux épées croisées, dans le champ l'écusson de Lorraine dans six arcs de cercle. — ℟. BNDICTV ⁝ SIT ⁝ etc., et en légende intérieure, MONETA SIERK. Deux épées croisées, au centre une croix. (Pl. VIII, n. 6.) Gros. — T.B.

204. KAROLVS DVX LOTHOR'. Lion heaumé tenant une épée. — ℟. MONETA FCA IN SIERK. Croix coupant la légende et cantonnée de 4 alérions. (Pl. IX, n. 7.) Rare. Gros. — F.D.C.

205. Même pièce de conservation ordinaire. Gros.

206. KAROLVS DVX LOTHOR'. Heaume timbré d'un aigle et posé sur un écusson de Lorraine penché. — ℟. BNDICTV SIT etc., et en légende intérieure, MONETA IN SIERK. Épée entre deux feuilles de houx. (Pl. VIII, n. 10.) Gros. — T.B.

207. Mêmes légendes et types. (Pl. VIII, n. 11.) Demi gros.—T.B.

208. KAROLVS DVX LOTHO. Écusson de Lorraine. — ℟. MONETA IN SIERK. Épée entre deux feuilles de houx. (Pl. VIII, n. 12.) 3 pièces. Denier.—T.B.

209. KAROLVS DVX LOTHO B. Même écussons droit. — ℟. MONETA. DE SIRQVE. Épée entre deux feuilles de houx. Inédit. Denier. — T.B.

210. KAROLVS DVX LOTHOR. Même écusson. — ℟. MONETA IN SIERK. Épée entre deux roses. (Pl. VIII, n. 7.) 2 pièces. Double denier. — T.B.

211. KAROLVS DVX. Même écusson surmonté d'un alérion. — ℟. MONETA DE SIERK'. Épée entre deux alérions. (Pl. IX, n. 2.) 2 pièces. Denier. — T.B.

212. KAROLVS DVX LOTHOR' Z M'. Le duc debout tenant son épée. — ℟. SIT NOME DNI BENEDICTVM. Croix coupant la légende 1 et 4 cantonnées de la bande de Lorraine, 2 et 3

Bar. Sur le tout un écusson parti Jérusalem, Naples et Anjou. (Pl. X, n. 3.) Gros. — B.D.C.

213. Mêmes types et légendes. (Pl. X, n. 4.) Demi-gros.—T.B.

214. Même pièce moins belle. Légère variété. Demi-gros.—T.B.

215. KAROLVS DVX LOTHOR. Z. M. Même duc debout. — ℟. MONETA FCA IN. S. MICHAL. Le revers précédent. (Pl. VIII, n. 5, var.) Gros. — B.

216. Mêmes types. Pièce trouée. Demi-gros.

217. KAROLVS DVX LOTHOR Z. M'. Épée derrière un écusson de Lorraine penché. — ℟. SIT NOME DNI BENEDICTVM. Croix coupant la légende et cantonnée de deux barbeaux et de deux alérions. (Pl. X, n. 14.)
3 variétés. Double denier. — B.

218. KAROLVS DVX LOTHOR Z. M. Les types précédents. — ℟. MONETA FCA IN S. MICHAL. (Pl. IX, n. 15.)
3 pièces variées. Double denier.

219. KAROLVS DVX. Aigle sur un écusson de Lorraine. — ℟. MONETA DE S. MICHAL. Épée entre un alérion et un barbeau. (Pl. IX, n. 6.) 2 pièces var. Denier.—B.

Antoine de Vaudemont (1431 à 1441).

220. ANTHONIVS DE LOTH. Z. C. Le comte debout coiffé d'un chapel surmonté de trois étoiles; une étoile entre ses jambes. — ℟. + MONETA NOVA FCA VESEL. Croix cantonnée de deux alérions et de deux A. (Pl. X, n. 7. Var.)
Pièce très rare. — Demi-gros.—T.B.

221. ANTHONIVS DE LOTHO Z C' Bande de Lorraine dans un contour de quatre arcs. — ℟. MONETA NOVA FCA VESELI. Épée accostée d'un A et d'un alérion. (Pl. X, n. 8.)
Pièce très rare. — Demi-gros.—T.B.

221 *bis*. Même pièce. Le nom du duc du côté de l'épée. Pl. X, n. 6.) Unique. (?) Demi-gros.—T.B.

René Ier (1431 à 1453).

222. RENAT D. BAR. M. P: CO. Le duc debout appuyant sa gauche sur un écusson d'Anjou et Bar. Lorraine sur le tout. — ℟. SIT NOMEN DOMINI BENEDIC, et en lég. intérieure, MONETA S. MICHA. Croix coupant la légende. (Pl. X, fig. 10.)
Gros. — T.B.

223. La même variété; le métal moins bon. 2 pièces. Gros.—B.

224. RENATI DVX BARREN Z LOTHO. M. Écusson écartelé d'Anjou et Bar. Lorraine sur le tout. — ℟. MONETA NOVA DE S. MICHAL. Épée entre un barbeau et un alérion. (Pl. XI, n. 1.)
Pièce trouée. — Gros.

225. Var..... MONETA NOVA D. S. MICHALE. Gros. — T.B.

226. Mêmes légendes et types. (Pl. XI, fig. 2.) Demi-gros.—T.B.

227. RENATI DVX BARREN Z. LOTH M. Épée recouverte d'un écusson écartelé d'Anjou et de Bar. Lorraine sur le tout. — ℟. BNDICTV SIT NOME, etc., et en légende intérieure : MONETA DE NANCI. Croix de Lorraine à branches et croisettes. (Pl. X, n. 2.) 2 pièces. Gros.

228. Même type. MONETA S. MICHAL. Pièce très rare. — Gros.

229. RENATI DVX BARREN Z LOTH M. Épée recouverte d'un écusson, comme au précédent. — ℟. SIT NOMEN DNI BENEDICTV. Croix de Lorraine. (Pl. X, n. 12, 13.)
8 pièces variées. — Gros. — B. et T.B.

230. RENATVS DVX BARREN Z LOHT M. Champ écartelé de Bar et d'Anjou. Lorraine sur le tout. — ℟. MONETA FACTA IN S. MICHAL. Épée acostée d'un barbeau et d'un alérion. (Pl. XI, n. 2.)
10 pièces, quatre variétés. Demi-gros. — B. et T.B.

231. Même type. — MONETA FACTA IN NANCIO. (Pl. XI, n. 6.)
2 pièces variées. Demi-gros.

232. RENATVS DVS BAR. M. Écusson écartelé d'Anjou et de Bar. Lorraine sur le tout. — ℟. MONETA S. MICHAL. Épée entre un alérion et un barbeau. Inédit. Denier. — T.B.

233. RENATI DVX BAR. M. Champ écartelé d'Anjou et de Bar. Lorraine sur le tout. — ℟. MONETA DE S. MICHA. Croix ne coupant pas la légende. (Pl. XI, n. 4.)
2 pièces. Denier. — B.

234. Mêmes pièces avec MONETA DE NANCEI.
2 variétés. 3 pièces. Denier. — B. et T.B.

235. RENATI DVS BAR. Champ, *id.* — ℟. MONETA SI MICH. Croix coupant la légende et cantonnée de fleurs et de barbeaux. (Pl. XI, n. 5, variée.) 2 pièces. Denier. — B.

236. RENATVS DVX LOTHO. Épée, la pointe en bas. — ℟. MONETA DE NANCEI. Aigle éployé. (Pl. XI, n. 11.) Denier.

237. Mêmes types et légendes. Obole. — B.

238. RENATVS REX SICILIE. Dans le champ ·R·. — ℟. O CRVX AVE SPES VNICA. Croix de Lorraine évidée. Double denier.

Les 11 pièces suivantes, excepté le n. 244, appartiennent à la série *Provençale*.

239. RENATVS EX LILIIS SICILIE CORONATVS. Champ écartelé de Hongrie, Jérusalem, Anjou et Bar; au centre et comme surtout, Naples et Aragon.—℟. CRVX. AVE. NOSTRA. SPES OR. VNICA. Croix de Lorraine accostée de deux R. au-dessus la Tarasque. (POEY D'AVANT, pl. XCII, n, 6.)
Pièce très rare. Gros. – T.B.

240. Même légende et même écusson.—℟. O CRVX ⁝ AVE ⁝ SPES ⁝ VNICA... Croix de Lorraine évidée. Au-dessus la Tarasque. (*Id.*, pl. XCII, n. 5.) 2 pièces. Demi-gros,—une T.B.

241. RENATVS SICILIE......... Écusson aux armes de Hongrie, Naples, Jérusalem, Anjou et Bar, dans un contour de trois arcs, dans lesquels une couronne. — ℟. SIT NOMEN DNI BENEDICTVM. Croix cantonnée de deux couronnes et de deux fleurs de lys dans un contour de quatre arcs. Pièce très rare. (*Id.*, pl. XCI, n. 18.) Blanc.—B.

242. Même pièce un peu variée, moins belle. *Id.*

243. RENATVS. DEI. G. IELM CI. R. Le duc assis sur un siége soutenu par deux lions, tenant de sa droite un sceptre, de sa gauche un globe.— ℟. HONOR REGIS IVDICIV DIRIGIT. Croix fleuronnée, cant. de quatre fleurs de lys. (*Id.*, pl. CXII, n. 3, var. inédite.) Gros ou Carlin.

244. REX RENATVS. Aigle couronné. — ℟. SCS PETRVS. Saint-Pierre assis de face, bénissant de la droite et tenant une croix de la gauche. 3 pièces variées. — Petit carlin.

245. RENATVS IHRLM ET SICILIE REX. Trois lys sous une couronne avec lambel. — ℟. COMES PVINCIE ET FORCALQERI. Croix dans un cercle à quatre lobes. (Types des gros de Louis XI.) Pière très rare. Gros.—T.B.

246. RENATVS IERLM : ET SICILIE R. Écusson de Naples (trois lys sous un lambel) dans un contour de trois arcs, une couronne dans chaque arc. — ℟. COMES PVINCIE ET FORCALQRII. Croix cantonnée de deux fleurs de lys et de deux couronnes. (*Id.*, pl. CXII, n. 20, var.) Blanc.—F.D.C.

247. Même pièce avec FOLCAQVERII. Blanc. — B.

248. Même pièce surfrappée en 1694. Blanc. — B.

249. R IERM CICIL..... REX. Même écusson sans accostement. — ℟. Même légende abrégée et barbare. Croix cantonnée d'un lys et d'une couronne dans un double cercle à quatre lobes. (*Id.*, pl. CXII, n. 2,) Demi-blanc. — T.B.

250. RENA . PRIM . DEI GRA REX ARAGO. Buste couronné de face un sceptre à la main. ℟. DEVS IN ADIVTOR, MEVM INTENDE, Ecu d'Aragon couronné, pièce frappée pour l'Espagne.
OR. — T.B.

251. RENA P DEI GRA RE ARA. Tête couronnée de face. — ℟. DEI ADIVTORI INTENDE. Écusson couronné d'Aragon, également frappée pour l'Espagne. OR.

252. RENATI DVX LOTHO. Dans le champ, RE. — ℟. MONETA DE NANCEIO. Épée la pointe en bas entre deux étoiles. Petit denier ou obole. — B.

253. RENATVS..... LOT Z B. Dans le champ, R. — ℟. MONETA..... CEVO. Croix de Lorraine. Petit denier ou obole.

Jean II (1453 à 1470).

254. IOHANS DVX B Z LO. Fleur de lys, barbeau et alérion. — ℟. MONETA DE NANCEI. Croix. Inédite. Petit denier ou obole.

255. IOHES DVX CALA LO. Fleur de lys, barbeau et alérion. — ℟. MONETA DE NANCI. Croix. Inédite. 2 pièces. Petit denier ou obole.

256. IOHANS DVX LOH. Fleur de lys dans le champ. — ℟. MONETA NAN. Épée. Inédite. 2 pièces. Obole.

257. IOANNES D GRA REX SICILI. Aigle éployé dans un contour de huit arcs. — ℟. AC ATHENARVM NEOPATRLE D. Écusson d'Aragon dans un contour de huit arcs. Gros. — T.B.

Attribution incertaine; le Jean II de Neopatras ne doit pas être le même que le duc de Lorraine. Cette pièce doit avoir été émise plus d'un siècle avant par Jean de Gravina qui était prince d'Achaïe en 1324.

René II (1473 à 1508).

258. RENATVS DEI GRA LOTNORIIIGORVM DVX. Le duc debout la tête nue, l'épée à la main. A sa droite l'écu de Lorraine, à sa gauche un casque surmonté d'un aigle. — ℟. ADIVVA NOS DEV SALVTA NOS. Écusson écartelé de Lorraine et de Hongrie, Anjou, Jérusalem, Naples, et Bar. Aragon sur le tout. Dans le champ 14-88. (Pl. XIII, n. 1.) Pièce douteuse provenant de la collection Guastaldi. — Grand écu.

259. RENATVS D. G. REX SICILLIE LOT DVX. Buste courronné à droite. — ℟. ADIVVA NOS DEVS SALVTARIS NOSTER. Écusson aux armes de Hongrie, Naples, Jérusalem, Aragon, Anjou et Bar. Lorraine sur le tout. (Pl. XIII, n. 2.) Magnifique pièce, très rare. Gros teston. — T.B.

260. Essai de la même pièce avec NOSTE. Étain.

261. RENATVS LOTHORINGORVM DVX. Écusson comme au précédent. — ℟. SALVE CRVX PRECIOSA. Croix de Lorraine accostée de deux R. (Pl. XIII, n. 4.) Très rare. Ecu. — T.B.

262. Même pièce, même module, moitié du poids.
Demi-écu. — T.B.

263. RENATVS D. G. REX SICILIE LOTHO D. Champ écartelé comme aux écussons précédents. — R̸. MONETA AVR. NANCEY. Saint Nicolas debout. (Pl. XII, n. 5.)
OR. — Florin. — T.B.

264. Variété, mêmes types. (Pl. XII, n. 3.)
OR. — Demi-florin. — T.B.

265. RENATVS D. G. R. SICILIE ET LOTH. D. Mêmes armes. — ℟. TVA IVVET GR'. Saint Nicolas debout. (Pl. XII, n. 6.)
OR. — Florin. — T.B.

266. Variété avec LOTHO D. OR. — Florin. — T.B.

267. RENATVS D G DVX LOTHO. Écusson de Lorraine (comme au numéro 259), surmonté d'un heaume à l'aigle, avec fleuron. — ℟. ADIVVA NOS DEVS SALVTARIVS N R. Épée accostée de deux R. (Pl. XIII, n. 3.), mais beaucoup plus petit module. Demi-gros.

268. RENATVS DVX LOTHOR CALA. Écusson de Lorraine sur une épée. — ℟. MONETA NOVA DE NANCEIO. Croix de Lorraine. (Pl. XI, n. 17.) 3 pièces variées. Double denier. — B.

269. RENATVS D. GR, REX LOTHOR. CAL. Le duc debout tenant une épée. — ℟. IN TE DNE SPERAVI NO RVN. P. E. Écusson écart. aux 1er et 4e d'une bande de Lorraine, aux 2e et 3e, comme au n° 258. (Pl. XII, n° 1) Pièce très rare, mais trouée. Gros — T.B.

270. RENATVS DVX LOTHO. Le duc en pied tenant son épée. — ℟. ADIVVA NOS DEVS SALVTA NR. Croix de Lorraine. 3 variétés. Demi-gros,

271. RENATVS DEI GRA. LOTHOR. D. Écusson couronné, mi-parti Lorraine et Bar. — ℟. ADIVVA NOS DEVS SALVTAR NOS. Bras armé. (Pl. XIII, n. 7.)
3 pièces variées. Rares. Demi-plaque. — T.B.

272. RENATVS D. G. REX SICILIE LOTHO. Écusson aux six quartiers, Lorraine sur le tout. La couronne coupe la légende. — ℟. FECIT POTENCHIAM BRACHIO IN SVO. Bras armé.
Plaque. — T.B.

273. Mêmes type et légende; au droit; (REX SLIE. Z LOTHO. — ℟. FECIT POTENCIAM IN BRACHIO SVO. Bras armé. (Pl. XIII, n. 8.) Deux variétés. Plaque. — T.B.

274. RENATVS D. G. R. SLIE. LO. D. Écusson couronné *id.*, cou-

pant la légende. — ℟. FECIT POTENTIAM IN BRACHIO S. Bras armé. (Pl. XIV, n. 1.) 4 variétés.
Demi-plaque.—B. et T.B.

275. Variétés avec SICI, SICILIE. Quatre autres variétés.
Demi-plaque.—B

276. RENATVS D. G. REX SICIL. IHRL. LOTH. D. Écusson couronné renfermé dans la légende. — ℟. FECIT POTENCIAM IN BRACHIO SVO. Bras armé. (Pl. XIII, n. 9.) Plaque.—T.B.

277. Même pièce variée, moins belle. Plaque.

278. Mêmes type et légende au droit. — ℟. MONETA NOVA FACTA IN NANCEIO. Bras armé. (Pl. XIV, n. 2.) 3 pièces variées.
Demi-plaque.—B. et T.B.

279. RENATVS D. G. R. S. I. LO. D. Écusson coupant la légende. —℟. MONETA FACTA IN NANCEIO. Epée, la pointe en bas. (Pl. XII, n. 11, 13.) 3 pièces variées de légendes.
Double denier.—B.

280. Six autres variétés. Dans ces dernières pièces, l'épée ne coupe pas la légende. Elle est renfermée dans le champ, soit par le haut, soit par le bas. Double denier.—B. et T.B.

281. RENATVS D. G. REX SICIL. IER. LOTH. Écusson couronné mi-parti Lorraine et Bar, renfermé dans la légende. — ℟. MONETA NOVA FACTA IN NENCEIO. Épée.
12 pièces variées. Double denier. — B. et T.B.

281 *bis*. Mêmes types. Au droit : MONETA FACTA IN NANCEIO. — ℟. MONETA FACTA IN NANCEIO. Épée. (Pl. XIV, n. 10). Rares, deux pièces. Double denier.—Une T.B.

282. RENATVS REX CICILIE ET LOT. Écusson de Lorraine sur une épée. — ℟. MONETA FACTA IN NANCEI. Croix de Lorraine. (Pl. XIV, n. 3.) 4 pièces variées. Denier.— B. et T.B.

283. RENATVS D. G. REX SI. LOTO. Écusson de Lorraine sur une épée. — ℟. MONETA FACTA IN NANCEI. Croix de Lorraine évidée. (Pl. XIV, n. 5, var.) 2 pièces variées. Denier.—B.

284. RENATVS D. G. REX LOTORI. Même type. — ℟. MONETA FACTA IN NENCEIO. Même revers. Denier.

285. RENATVS DVX LOTHORI. Bande de Lorraine sur une épée. — ℟. MONETA FACTA IN NAN. Croix fleuronnée. (Pl. XIV, n. 8, var.) 5 pièces variées. Denier. — B.

Antoine (1508 — 1544).

286. ANTHONIVS D. G. LOTHORI ET BARI DVX. Buste armé et cou-

ronné à gauche. — ℟. Écusson de Lorraine, au centre, dans un grènetis ; il est entouré de huit écussons : Hongrie, Naples, Jérusalem, Aragon, Anjou, Bar, Vaudemond et Blamond. Ces deux derniers sans couronne. Pièce très rare. (Pl. XVI, n. 2.) Poids 30 gr. Thaler.—F.D.C.

287. Pièce semblable, entourée d'un gros cordon, argent doré. Cette pièce avait servi de médaille.
Poids, 34 grammes. *Id.* — B.

288. La même pièce, frappée en or, provenant d'abord de la collection de M. de Saulcy, puis de celle de M. Gastaldy. Rarissime. Poids, 54 gr. *Id.* OR.—F.D.C.

289. ANTHONIVS D. G. LOTHOR ET BARI DVX. Buste à gauche. (Comme Saulcy, pl. XVI, n. 4.)—℟. MO. NOV. NANC. CHS. Écu plein de Lorraine supporté par deux aigles couronnés, surmonté d'un heaume timbré d'un aigle (Manteau). (Comme dans l'écu de Charles III. (Pl. XXIV, n. 3.)
Rarissime. Piéfort. Thaler. — T.B.

290. Même légende et même buste. — ℟. MONETA NOVA NANCEII CVSA. Écu à la bande de Lorraine, surmonté d'un heaume couronné, timbré d'un aigle, et adossé à un manteau, autour, les sept écussons couronnés. (Pl. XVI, n. 4).
Rarissime. Piéfort. Poids, 69 gr. Thaler. — B.

290 *bis*. ANTH. DVX CALABR. Z. LOTHOR. B. Buste couronné du duc, de face, tenant son épée.—℟. MONETA NANCEI. Écu plein penché, appuyé sur un manteau et surmonté d'un heaume à l'aigle. (Pl. XVI, n. 3.) Rarissime. Pièce de la collection Rousseau. Teston.—T.B.

291. ANTH. CALAB. LOTH. Z. B. DVX. Tête couronnée à gauche. —℟. FLOR NANCEII CVSVS. 1515. Écu plein couronné dans un grènetis. (Pl. XV, n. 14.)
Pièce très rare. OR florin. — F.D.C.

292. ANTHON. D. G. LOTHOR. ET BAR. DVX. Tête couronnée à gauche. — ℟. MONETA NANCEII CVSA. Écu plein. Exergue 1512. (Pl. XV, n. 16.) Magnifique teston. — F.D.C.

293. Le même, daté 1516. *id.* *id.* —F.D.C.

294. Le même. CT. BAR. DVX. 1524. *id.* *id.* —F.D.C.

295. Années 1523, 1531, 1538, 1541 et 1544. 5 pièces.
Teston. — Ord. et T.B.

296. Même pièce frappée en or. Poids, 13 gr. 3 décigr. OR.

297. Types et légendes des testons, seulement, la date dans la légende circulaire, au lieu d'être placée à l'exergue. 1518.
Année très rare. Demi-teston. — F.D.C.

298. Même pièce. Années 1513, 1515 et 1517. 3 pièces.
Demi-teston. — B.

299. Même légende et même buste. — ℞. Légende et écu du n° 292, daté 1512. (Pl. XV, n. 11.) Rare pièce.
Quart de teston. — F.D.C.

300. Même légende et même buste. — ℞. Sans légende, même écu couronné, accosté de deux croix de Lorraine, à l'exergue 1513. (Pl. XV, n. 12.) Quart de teston. — F.D.C.

300 *bis*. Même pièce, 1523, 1524, 1526, 1527, 1534, 1544. (Pl. XV, n. 13.) 7 pièces. Quart de teston. — B. et T.B.

301. Même pièce, frappée double de poids. 1513.
Très rare. Demi-teston (?). — T.B.

302. ANTHON. D. G. CALABR. LOTHOR. ET B. DVX. Écusson plein de Lorraine. — ℞. FECIT POTENCIAM IN BRACHIO SVO. Bras armé. (Pl. XIV, n. 12.) 2 pièces variées. Plaque. — T.B.

303. Mêmes pièces, légendes variées. 3 pièces. *id.* — B.

304. Mêmes pièces, avec un cercle, une autre ayant servi de bouton. 2 pièces. Plaque.

305. Même pièce, la couronne avec pointes sans les trèfles. Très rare. Plaque. — B.

306. Mêmes légendes et mêmes types. (Pl. XIV, n. 13.) 2 pièces variées. Demi-plaque. — F.D.C.

307. Même pièce. 5 variétés de légendes. *id.* — B. et T.B.

308. Même pièce, la couronne avec pointes sans le trèfle. Très rare. Demi-plaque. — F.D.C.

309. ANTHON. D. G. CALABR. LOTHOR. B. D. Écusson couronné, mi-parti de Lorraine et Bar. — ℞. MONETA FACTA IN NANCEIO. Épée, la pointe en bas. (Pl. XIV, n. 13.) 3 belles pièces variées. Double denier. — F.D.C.

310. Même pièce. 11 variétés de légendes. *id.* — B. et T.B.

311. Même pièce, la couronne n'ayant que des pointes sans les trèfles. 5 pièces variées. Double denier. — T.B.

312. ANTHON. D. G. CALABR. LO. Épée placée derrière l'écu de Lorraine. — ℞. MONETA FACTA NANCEI. Croix de Lorraine. (Pl. XIV, n. 15.) Denier. — T.B.

313 Même pièce. 7 variétés de légendes. (Pl. XIV, n. 16, etc.)
Denier. — B.

314. ANTHON. D. G. CALAB. Bande de Lorraine sur une épée. — ℟. MONETA FACTA NAN. Croix fleurdelisée. (Pl. XIV, n. 17.) 2 pièces variées. Denier.—F.D.C.

315. Même pièce. 11 variétés. (Pl. XIV, n. 17, 18, 19.) Denier.—B. T.B.

316. ANT. DVX LOT. Dans le champ A. L. R. en monogramme. — ℟. SALVE CRVX. Croix de Jérusalem cantonnée de quatre croisettes. (Pl. XVI, n. 1.) 2 pièces rares. Denier. — F.D.C.

317. ANTHON D. G. LOT. Dans le champ A.T. en monogramme. — ℟. MONETA NANCEI. Croix de Lorraine. 7 pièces variées. (Pl. XV, n. 2.) Oboles.—B. et T.B.

318. ANTHO. D. G. CALA. Alérion éployé de face. — ℟. MONETA NANCEIO. Épée. (Pl. XV, n. 5 à 8.) 14 pièces variées. Oboles.—B. et T.B.

319. Même pièce avec MONETA NANCEIO des deux côtés. (Pl. XV, n. 9.) Rare. Obole.—T.B.

Médailles (coulées ou frappées pendant le règne d'Antoine).

320. ANTONIVS DVX LOTHOR ET BARI. Le duc, combattant à cheval, à droite la tête coiffée d'une toque avec plumes; sous le cheval, 1515. — ℟. Sans légende, écu de Lorraine surmonté du heaume couronné avec l'aigle essorant, l'écu et le heaume recouverts d'un manteau, autour les huit écussons de Hongrie, Naples, Jérusalem, d'Aragon, d'Anjou et de Bar, Vaudemont et Blamont (ces deux derniers sans couronne). Variété de la pl. XVI, n. 1, sans légende sur la housse du cheval. Poids, 27 gr., 3 décigr. Cette magnifique pièce de la plus grande rareté doit être une médaille et non une monnaie. 42 mill. AR.—F.D.C.

321. ANTHONIVS D. G. LOTHOR ET BAR DVX Buste à droite, coiffé d'un chapeau sur lequel se trouve une cocarde portant un A. — ℟. RENATA DE BORBONIA LOTHOR. ET BAR. DUCISSA. Buste à gauche. Médaille frappée et retouchée au burin. AR. — 42 mill. —F.D.C.

322. Même pièce coulée en Allemagne ou en Belgique. AR. — 40 mil. — F.D.C.

323. La même en bronze coulé. Æ. — 41 mil. — T.B.

324. Mêmes types et mêmes légendes, mais les lettres plus grêles, et sans aucun grènetis, tandis que les légendes sont entre deux grènetis dans les trois autres pièces. Diff. de dessin dans les détails. Pièce frappée, cuivre jaune doré. Æ. — 41 mil. — T.B.

325. Même pièce coulée. Æ. — 39 mil. — B.

326. Agrafes faites avec deux pièces analogues tant au droit qu'au revers à la plaque n. 302. Le cercle cordonné. AR. — 2 pièces.

Jetons du même règne.

327. REDDERE VNI CVIQUE QVOD SVVM EST. Croix de Jérusalem cantonnée de quatre croisillons. — ℟. FECIT POTENTIAM IN BRACHIO SVO. Bras armé avec une banderolle sur laquelle *avoir j'espère*. Pièce très rare. AR.—F.D.C.

328. Même pièce en cuivre. Æ. — T.B.

329. ANTHON DVCZ MARCHIS DE LORR. Écussons de Hongrie, Naples, Jérusalem, Aragon, Anjou et Bar autour de celui de Lorraine. — ℟. REDDERE, etc., comme au précédent. Æ. — T.B.

330. *Id.* au droit. ℟. GESTS DES COMPTES DE LORRAINE. Épée sur un champ semé d'alérions. (D. CALM., pl. XLII.) 5 pièces variées. — Æ. — B.

331. Mêmes types. GETS DV BVREAV DE LORRAINE. Æ. — B.

332. FECIT POTENCIAM IN BRACHIO SVO. Bras armé avec banderolle sur laquelle *j'espère avoir*. — ℟. DO PACEM DNE IN DIEBVS NRIS. Croix de Jérusalem cantonnée de quatre croisettes. Æ.—B.

333. RENE. DVCHESSE DE LOR. ET BAR. Six écussons, comme au 325, autour d'un écusson mi-parti Lorraine et Bourbon. —℟. GECT DES COMPTES DE LORRAINE. Épée sur un champ semé d'alérions. Æ.—B.

334. RENATA D. G. LOTHO. Z. B. DVCISA. Écusson en losange Lorraine et Bourbon. — ℟. DA PACEM. DNE IN DIEBVS NRIS. Faisceau d'oliviers. Æ.—B.

François Ier (1544—1545).

335. FRANCISCVS D. G. LOTHOR. B. Z. GLD. D. Buste couronné à gauche.—℟. MONETA NANCEI CVSA. Armes aux six écussons. Lorraine sur le tout. Exergue 1544. (Pl. XVII, n. 7.) Très rare. Teston.—T.B.

336. Même pièce datée 1545, avec les huit quartiers. (Pl. XVII, n. 8.) Teston.—F.D.C.

337. Même pièce un peu moins belle. *id.* —T.B.

338. FRANCISCVS D. G. LOTHO. Écusson couronné mi-parti Lorraine et Bar. — ℞. MONETA FACTA NAN. Épée coupant la légende. (Pl. XVII, n. 4.) 6 pièces variées.
Double denier.—T.B.

339. FRANCHISCVS D. G. LOTHO. Même type.—℞. MONETA FACTA NAN. Même type (Pl. XVII, n. 5.) Double denier.—T.B.

340. FRANCISCVS D. G. LOTO. *id.* — ℞. MONETA NOVA NANC. Même type. Très rare. Double denier.

341. FRANCISCVS D. G. LO. Épée recouverte par un écusson de Lorraine.—℞. MONETA FACTA NAN. Croix de Lorraine évidée. (Pl. XVII, n. 5, var.) 2 pièces variées.
Double denier.—T.B.

342. FRANCISCVS D. G. Alérion éployé de face.—℞. MONETA NAN. Épée. (Pl. XVII, n. 6.) Rare. Obole.—B.

Christine et Nicolas régents (1545—1555).

343. NIC. VAV. ADM. LOT. B. Écusson mi-parti Lorraine et Bar accosté de 15-52.—℞. MONETA FACTA NAN. Épée. (Pl. XVII, n. 10.) 2 pièces var. Double denier.—T.B.

344. Même pièce sans date. Double denier.—T.B.

Jetons pour les mêmes personnages.

345. CRIEN D. DANEM. Z. NICOL. DE LOR. TVTEVR. Têtes en regard. —℞. GECTS DES COMPTES DE LORRAINE. 1550. Écusson mi-parti Lorraine, etc. (D. Calm. XLV.) AR.—T.B.

346. Le même. 1550, 1553. 2 pièces. T.B.—Æ.

347. Le même. 1554. 2 pièces. *id.* —Æ.

348. CHRISTIANA A DANIA REGENS. Écusson *id.* surmonté d'une couronne non fermée. — ℞. NEC TVRBINE MOTA NEC VNDIS. Rocher entouré par les flots. Æ.—F.D.C.

349. Même écu et légende au droit. — ℞. FIDEI VICTRICI sur un autel, au-dessus deux mains soutenant une croix de Lorraine. 15-63. (Ce jeton a pu être frappé par Christine à l'occasion du mariage de son fils.) Æ.

350. ME SINE CVNCTA RVVNT. 1566. La duchesse sur un trône portant une couronne non fermée. — ℞. VT PALMA CRESCIMVS. Au centre deux C, un F. Jeton rare. Æ.—T.B.

351. CHRISTIANA D. G. REGINA DANIÆ D. L. B. Écusson comme aux précédents, accosté de deux C couronnés croisés, surmonté d'une couronne fermée. — ℞. SEDET ÆTERNVMQVE MANEBIT. Armes de Danemark sur le devant d'un autel contre lequel deux ancres, au-dessus une couronne fermée. Æ.—B.

352. Mêmes types et légendes, à l'exergue 1587. (Pas de C près de l'écusson.) Æ.—T.B.

353. Le même et même date. L'écusson au droit est cerné de doubles palmes. Æ.—B.

354. Droit du n. 351. — ℞. BENE FVNDATA EST SVPER FIRMAM PETRAM. 1594. Colonne surmontée d'un écusson, dans le champ, balances, etc. (Jeton rare, mais mal conservé.) Æ.

355. Même droit — ℞. LVX FVGAT VT TENB. SIC ORDINE CVNCTARE.... CVNT. La terre, au-dessus le soleil et les nuages, etc. Ce revers est celui d'un jeton frappé sous Charles III, après la mort de Christine. Æ.

356. Trois femmes à genoux dans un temple; sous elles leurs écussons. (Les trois femmes de Nicolas.) — ℞. LVCERNA PEDIBVS MEIS VERBV TVVM. Lampe sur un livre. Æ.—B.

Charles III (le grand-duc, 1543-1608).

357. CARO. D. G. CAL. LOT. BAR. GVEL. DVX. Écusson ovale aux armes pleines et orné. — ℞. FECIT POTENTIAM IN BRACHIO SVO. Buste enfant à tête nue, armé à droite, tenant une épée appuyée sur l'épaule. (Pl. XIX, n. 3.) Très rare. Thaler.—B.

358. CAROL. D. G. CALA. LOTHO. BAR. GVEL. DVX. Buste cuirassé à droite, très jeune. — ℞. Sept écussons autour de celui de Lor. Au bas, 1557. (Pl. XIX, n. 10.) Rare. Thaler.—B.

359. CARO. D. G. CAL. LOTHO. BAR. GEL. DVX. Buste jeune à droite. — ℞. MONETA NANCEII CVSA. Écusson plein. (Pl. XX, n. 1.) Rare. Thaler.—T.B.

360. Même pièce variée.—℞. MONETA NOVA NANCEI CVS. Argent doré. Thaler.—T.B.

361. CARO. D. G. CAL. LOTHO. BAR. GEL. DVX. Buste jeune cuirassé à droite, avec moustache et barbe naissante. — ℞. Sept écussons comme à l'écu de 1557. Daté 1569. Thaler.—F.D.

362. CARO. D. G. CA. LOTHO. B. G. DVX. Buste jeune cuirassé avec barbe à gauche.—℟. MONETA NANCEII CVSA. Écusson aux armes pleines, couronné au-dessus de la couronne. 1571. Cette pièce diffère par la date placée au revers. (Pl. XXI, n. 1.) Très rare. Thaler.—T.B.

363. CAROL. D. G. CAL. LOTH. B. GEL. DVX. Buste très long, jeune, barbu et cuirassé à droite. Sous le buste, 1574. — ℟. MONETA NANCEII CVSA. Écusson plein de Lorraine, etc. (Pl. XXI, n. 2.) Très rare. Thaler.—T.B.

364. CAROLVS D. G. CAL. LOTH. BAR. GEL. DVX. Buste vieux, barbu, drapé et cuirassé à gauche. Au-dessous, 1603.—℟. MONETA NOVA NANCEI CVSA. Ecusson de Lorraine drapé, entouré des sept écussons. Celui du bas accosté de quatre C croisés. (Pl. XXIV, n. 2.) Rare. Thaler.—T.B.

365. CAROLVS D. G. CAL. LOTHAR. BAR. GEL. DVX. Même buste à gauche. Dessous, 1603.—℟. MO. NOVA NANC. CVSA. Écusson surmonté du heaume, drapé, soutenu par deux aigles. (Pl. XXIV, n. 3.) Magnifique pièce. Thaler.—F.D C.

366. CARO. D. G. CAL. LOTHO. BAR. GEL. DVX. Buste jeune drapé et cuirassé à droite.—℟. Sans légende. Sept écus couronnés entourant celui de Lorraine. Au bas, 1569. (Pl. XX, n. 3.) Rare. Demi-écu.—T.B.

367. CARO. D. G. CAL. LOTH. B. GEL. DVX. Buste jeune très long (comme au n. 363), barbu et cuirassé à droite. Dessous, 1575. — ℟. MONETA NOVA NANCEI CVS. Écusson plein de Lorraine couronné. (Pl. XXI, n. 3.) Rarissime pièce. Demi-écu.—T.B.

368. CAROLVS DEI G. CAL. LOTH. B. GEL. DVX. Buste jeune cuirassé et barbu à droite. — ℟. MONETA NOVA F. NANCEII CVSA. Écusson plein. Exergue, 1581. (Pl. XXII, n. 1.) Demi-écu.

369. Même buste et même légende au droit. — ℟. MONE. NOVA NANCEII CVSA G. Écu plein de Lorraine supporté par deux aigles portant au cou la croix de Lorraine. L'écu est surmonté d'un heaume timbré d'un aigle sur une couronne; il est adossé à un manteau. Dans le champ, 15-86. (Pl. XXII, n. 13.) Très rare pièce. Demi-écu.—T.B.

370. Autre superbe pièce au même type. Argent doré. Très rare. Demi-écu.—T.B.

371. CAROL. D. G. CAL. LOTH. B. GEL. DVX. Buste âgé à droite, drapé et cuirassé.—℟. MO. NOVA NANC. CVSA G. Type précédent, mais l'aigle regarde à gauche. Sans date. (Pl. XXIII, n. 11.) Demi écu.—T.B.

372. CARO. D. G. CAL. LOTAR. B. GEL. DVX. Buste cuirassé du duc enfant et couronné à droite. — ℟. MONETA NOVA NANCEI CVSA. Écusson plein. (Pl. XIX, n. 7.) 2 pièces variées. Teston.—F.D.C.

373. Variété avec LOTA et une autre variété en cuivre. Pièce fausse du temps. Teston.—F.D.C.

374. CARO. D. G. CAL. LOTA. B. GEL. DVX. Buste à droite, tête jeune et à barbe.—℟. MONETA NOVA F. NANCEI CVSA. Écusson plein de Lorraine. (Pl. XXI, n. 4.) Teston. — T.B.

375. Le même. 2 pièces. *id.*, une B.

376. CAROLVS D. G. CAL. LOTH. B. GEL. DVX. Même buste sans cercle au pourtour. — ℟. Même légende commençant à gauche, à l'exergue 1581. L'écu accosté de deux croix de Lorraine couronnées. Teston.—T B.

377. Même pièce, 1583 et 1585. (Pl. XXII, n. 2.) 2 pièces, Teston —T.B.

378. CAROL. D. G. CAL. LOTH. BAR. GEL. DVX. Buste à droite. — ℟. MONETA NOVA G. NANCEII CVSA. Écusson plein. (Pl. XXIII, n. 6.) Teston.—T.B.

379. La même sans cercle intérieur au droit. — On y lit : CAL. LOTH. B. GEL. DVX. Teston.—B.

380. Mêmes types. Au revers l'écusson est accosté de deux croix de Lorraine couronnées. (Pl. XXIII, n. 7.) Teston.—T.B.

381. Type du précédent. Exergue 1587. Le même daté 1588. (Pl. XXIII, n. 5.) 2 pièces. Teston.—B.

382. CAROLVS DEI GRATIA. Même buste. — ℟. LOTHAR. . . .DVX. 1588. Écusson de Lorraine surmonté d'un heaume timbré d'une couronne et d'un alérion, accosté de deux croix de Lorraine couronnées. (Pl. XXIII, n. 12.) Rarissime pièce. Demi-teston.—T.B.

383. CARO. D. G. CAL. LOTHAR. B. Z. GEL. DVX. Buste enfant du n. 373.—℟. MONETA NANCEII CVSA. 1553. L'écusson plein de Lorraine couronné, accosté de deux croix de Lorraine. (Pl. XIX, n. 8, var.) Quart de teston.—T.B.

384. Mêmes types et légendes sans CVSA. 1554, 55, 56. Trois pièces. Quart de teston.

385. Même pièce. MONETA NOVA NANCEI CVSA. Même date. (Pl. XIX, n. 9) Quart de teston.—F.D.C.

386. Variétés de la même pièce, conservation ordinaire. 3 pièces. CARO. D. G. LOTAR. B. GEL. DVX. Buste du n. 374. — ℟.

MONETA NOVA B. NANCEI CVSA. Écusson plein accosté de deux croix de Lorraine. (Pl. XXI, n. 5.)
Quart de teston.—T.B.

387. Variétés de la même. 3 pièces. *id.* —B.

388. CAROLVS D. G. CAL. LOTH. B. GEL. DVX. Même buste.—℟. Le même à l'exergue 1581, 1584, 1585. Pl. XXII, n. 3.) 3 pièces. Quart de teston.—T.B.

389. CAROL. D. G. CAL. LOTH. BAR. G. DVX. Buste du n. 378.—℟. MONETA NOVA G. NANCEII CVSA. Écusson plein couronné, accosté de deux croix de Lorraine couronnées. Exergue 1587. (Pl. XXIII, n. 8.) Quart de teston.—T.B.

390. CAROL. D. G. CAL. LOTH. B. GEL. DVX. Mêmes types. 1588.
Quart de teston.—T.B.

391. La même sans date. (Pl. XXIII, n. 9.) *id.* —T.B.

392. La même. Variétés. 3 pièces. *id.* *id.*

393. CAROL. D. G. CAL. LOTH. B. DVX. Buste du n. 374. — ℟. MONETA NOVA NANC. CVSA. Épée accostée de la croix de Lorraine, à l'exergue 1581. Très rare, essai du 12me de Teston.—F.D.C.

394. Même pièce sans le cercle intérieur autour de la tête. Pièce surfrappée d'un alérion. 1581. (Pl. XXII, n. 4.) Mal conservée. 12e de teston.

395. Même légende et même buste. — ℟. MO. NOVA NAN. CVSA. Epée derrière un écusson de Lorraine. (Pl. XXII, n. 5.)
Denier.—F.D.C.

395 *bis*. Même pièce moins belle. *id.*

396. CAROL. D. G. CALAB. LOTH. DVX. Buste imberbe du n. 373. ℟. MONETA AVREA NANCEI CVSA. Écusson plein de Lorraine. (Pl. XIX, n. 5.) Très rare. OR, demi-pistole.—T.B.

397. CAROL. D. G. LOTHAR. B. DVX. Buste du n. 374.—℟. MONETA AVREA NANCEII CVSA. Écusson plein de Lorraine couronné. (Pl. XXI, n. 6.) Pièce très rare. OR, pistole.—T.B.

398. CAROL. D. G. CALABRI LOTH. DVX. Même buste.—℟. Le même. Pièce unique. OR, demi-pistole.—F.D.C.

399. CAROL. D. G. CAL. LOTH. BAR. GEL. DVX. Buste à droite du n. 378, avec cuirasse et manteau. — ℟. DA MIHI. VIRTV. CONTRA HOSTES TVOS. Écusson plein couronné accosté de deux croix de Lorraine couronnées dans la couronne.

1.5.8.7. (Pl. XXIII, n. 1.) Rarissime pièce d'un très beau style. Poids 13 gr. 3 décigr. OR, quadruple pistole.

400. CAROLVS DEI GRATIA. Même buste à droite.—℞. Sans légende Bande de Lorraine entourée des sept écussons couronnés, entre les écussons 15-88, et cinq croix de Lorraine. OR, pistole.—F.D.C.

Cette admirable pièce doit être un essai de monnaie. On retrouve le même type sur les jetons, mais son poids étant identique avec les ducats ou pistoles, il est donc probable qu'elle a été frappée à titre d'essai de monnaie.

401. CAROL. D. G. CAL. LOTH. B. GEL. DVX. Écusson plein couronné, sur la couronne. 1587.—℞. DA. MIHI. VIRTV. CONTRA HOST. TVOS. Croix de Jérusalem cantonnée de quatre croisettes dans un contour de 8 arcs. (Pl. XXIII, n. 3.) Très rare. OR, pistole.—T.B.

402. Mêmes légendes et mêmes types. (Pl. XXIII, n. 4.) Très rare. OR, demi-pistole.—F.D.C.

403. CARO. D. G. CAL. LOT. B. GELD. DVX. Écusson plein orné.— — ℞. MONETA NOVA FACTA NANCEI. 1553. Bras armé. (Pl. XIX, n. 1.) Plaque.—B.

404. Même pièce. Au droit on lit : LOTAR. B. Z. GELD. DVX. Au revers : FACTA NANCEI. 1553. Mêmes types. Plaque.—F.D C.

405. Bande de Lorraine, au-dessus croix de Lorraine, dessous 1593. — ℞. Bras armé. (Pl. XXIII, n. 14.) Pièce très rare. Essai du quart de plaque (?)—B.

406. CARO. D. G. CAL. LOTAR. B D. X. Écusson orné et couronné de Lorraine et de Bar. — ℞. MONETA NOVA FACTA NAN. Épée. (Pl. XIX, n. 2.) 2 pièces. Denier, un T.B.

407. CAROL. D. G. CAL. LOTHOR. BAR. GELD. DVX. Écusson plein. — ℞. FECIT POTENCIAM IN BRACHIO SVO. Bras armé. (Pl. XVII, n. 11.) Plaque.—T.B.

408. Même pièce variée, croix de Lorraine commençant la légende. Plaque.

409. CARO. D. G. CAL. LOTAR. B. G. DVX. Écusson plein couronné. — ℞. MONETA NOVA FACTA NAN. Bras armé. (Pl. XVII, n. 12.) Plaque.

410. CARO. D. G. CALABR. LOT. Écusson couronné mi-parti de Lorraine et de Bar. — ℞. MONETA FACTA NAN. Épée. (Pl. XVIII, n. 1.) Ancre pour différent. 3 pièces. Double denier.—T.B.

411. La même. Rose pour différent. 2 pièces. *id.* —T.B.

412. CARO. D. G. LOTAR. B. G. DVX. Même type. — ℟. Le même sans différent au bas de l'épée. (Pl. XVIII, n. 2, 3, 4, 5.) 7 pièces très variées. Double denier. — B. et T.B.

413. Même type, l'épée contre-marquée d'un alérion. (Pl. XVIII, n. 6.) 3 variétés. Double denier. — B. et T.B.

414. Même pièce à légendes barbares, etc. 4 pièces variées en cuivre jaune. Double denier faux.

415. CARO. D. G. CALABR. LOT. Même écusson. — ℟. MONETA NOVA NANCE. Épée; rose ou étoile pour différent. Pièce inédite. Double denier. — B.

416. CARO. D. G. CAL. LOTAR. B. G. DVX. Même écu. — ℟. MONETA NOVA FACTA NAN. Épée. 2 pièces inéd. Double denier. — B.

417. Même pièce avec CACO pour CARO. *id.* — T.B.

418. CARO ou CAROLVS D. G. LOTAR DVX. Écusson de Lorraine sur une épée. — ℟. MONETA FA. NAN. Croix de Lorraine évidée. (Pl. XVIII, n. 11, 12.) 5 pièces var. Denier — F.D.C.

419. Mêmes pièces. 17 variétés. *id.* — B.

420. CARO. D. G. LOTHO. DVX. Bande de Lorraine sur une épée. — ℟. MONETA NANCEI CV. Croix fleurdelisée. (Pl. XVIII, n. 9, 10.) 4 variétés. Denier. — T.B.

421. Sept autres variétés de la même pièce. Denier.

422. Même pièce, la croix évidée au centre. (Pl. XVIII, n. 7, 8.) 5 variétés. 13 pièces. Denier. — T.B.

423. Variétés de la même pièce, à l'exergue 1581. (Pl. XXII, n. 8, 9.) 3 pièces variées. Denier. — T.B.

424. CAROLVS D. G. DVX LOTH. Croix fleurdelisée et évidée au centre. — ℟. MONETA NANCEI C. Bande de Lorraine sur une épée. Pièce inédite. Denier. — B.

425. CAROL. D. G. LOTH. B. DVX. Épée accosté de deux croix de Lorraine. — ℟. MONETA NOVA NANCEI CV. Croix de Jérusalem cantonnée de quatre croisettes. 4 pièces variées. (Pl. XVIII, n. 16.) Denier. — T.B.

426. Sept autres variétés de la même pièce. Denier.

427. Le même, MONETA, etc., du côté de l'épée. 5 pièces, très bas billon. (Pl. XVIII, n. 15.) Denier.

428. Type du n. 425, avec 1581 à l'exergue. (Pl. XXII, n. 7.) 3 pièces variées. Denier. — F.D.C.

429. Même pièce sans le cercle intérieur. (Pl. XXII, n. 6.) Rare. Denier.—F.D.C.

430. CAR. D. G. LOT. ET B. DVX. Écu de Lorraine couronné. — ℟. MONETA NOVA NANCEI. Deux C croisés, accostés de deux croix de Lorraine. (Pl. XVIII, n. 18.) 4 pièces variées. Denier.—F.D.C.

431. CARO. D. G. LOTH. DVX. Épée accostée de deux C.—℟. MONETA NANCEI CV. Croix de Jérusalem couronnée de quatre croisettes. (Pl. XXIII, n. 17.) 5 pièces variées. Denier.—T. B. et F.D.C.

432. Même pièce. Les deux C croisés, placés sur l'épée. Obole.—F.

433. CAROL. D. G. LOTH. B. DVX. Alérion couronné, éployé de face.—℟. MONETA NOVA NAN. Épée accostée de deux croix de Lorraine. (Pl. XVIII, n. 14.) 6 pièces variées. Denier.—B. et T.B.

434. Même pièce, avec 1581 à l'exergue. (Pl. XXII, n. 10.) 2 pièces. Denier.—T.B.

435. CARO. D. G. LOTHAR. DVX. Alérion sans couronne, éployé de face. — ℟. MONETA NANCEI C. Épée, la pointe en bas. (Pl. XVIII, n. 13.) 4 pièces variées. Denier.—F.D.C.

436. Cinq autres variétés de la même pièce. *id.* —F.D.C.

Médailles du même règne.

437. KAROLS. D. G. LOTOR. BAR. GEL. DVX. Buste, enfant à mi-corps en costume militaire à droite, tenant un gant dans la main droite. — ℟. ANDVRER POVR RECOVRIRE, en trois lignes au-dessous d'un écusson plein couronné, soutenu par quatre génies. Diffère en plusieurs points des lectures rapportées par de Saulcy, pl. XVIII, n. 20. Superbe médaille faite avec deux plaques. Argent. 36 mill.

438. KAROL. D. G. CAL. LOTH. B. G. DVX. Buste jeune à barbe, à droite. — ℟. Six écussons couronnés entourant celui de Lorraine : Savoie, Anjou, Jérusalem, Aragon, Bar, Gueldre et Juliers, Hongrie. Ces écus sont séparés par des croix de Lorraine. Pièce de bronze très rare, mais fruste. 28 mill.

439. CAROLVS D. G. CAL. LOTH. L. GEL. DVX. 1580. Buste à droite. — ℟. CŒLITVS ORTA HOMINI PAX TVTIOR INCVBAT ARMIS. La Paix, couchée sur un faisceau d'armes et

tenant l'écu de Lorraine. (Dom Calm., LV.) Argent doré. 32 mill. F.D.C.

Cette magnifique pièce a dû servir de médaille pour un collier. Il reste encore trois chaînons.

440. CAR. D. G. CAL. LOTH. B. GEL. DVX. Buste barbu, fraisé, cuirassé à droite, la tête couverte d'une toque avec plumes.— ℟. Écusson plein adossé à un manteau, surmonté d'un heaume couronné, timbré d'un aigle essorant. Aux côtés, deux doubles C croisés. Très belle médaille ovale. Bronze. 40 mill.

441. Sans légende. Buste âgé, barbu à droite, le col plat. — ℟. Écu plein surmonté d'un heaume couronné, timbré d'un aigle essorant adossé au manteau ducal, accosté de deux C croisés couronnés. Médaille ovale. Étain. 55 mill.

442. CAROL. D. G. CAL. LOTH. B. GEL. DVX. Même buste à droite. — ℟. Armes pleines adossées au manteau ducal, avec heaume et aigle, soutenu de deux aigles. Cuivre fruste. 35 mill.

443. CAROL. D. G. CAL. LO. BA. GV. DVX. Buste plus jeune, fraisé et cuirassé à droite. — ℟. Le même. Exergue 1576. Étain. 50 mill.

444. CAROL. D. G. CAL. LOTH. B. GEL. DVX. Buste du n. 440 à droite. —℟. KAROLVS IX GALLIAR REX. Buste lauré, fraisé, drapé et cuirassé du roi Charles IX. A droite, au-dessous, 1572. Argent, 47 mill., à fleur de coin.

Cette admirable pièce d'un style des plus remarquables a été faite à l'aide de deux plaques. Elle a été souvent reproduite par la galvanoplastie sur l'exemplaire que nous citons ici.

Jetons du même règne.

445. NEVTRA SEQVOR MEDIVS. 1558. Écusson de Lorraine plein, orné et couronné.—℟. FIRMA SOLO RADIX. Arbre. 6 pièces variées. Cuivre.

446. QVO FATA TRAHVNT ANNO CHRISTI 1559, 1560, 1569, 1570. Cavalier nu sur un cheval ailé. — ℟. FIRMA SOLO RADIX. Comme au précédent. 4 pièces variées. Cuivre.

447. AMOVR TRÈVES TRÈVES. Chevalier armé à mi-corps sortant d'un buisson. — ℟. Le type précédent. Cuivre.

448. PAR AMOR ÆQVA FIDES. 1560. Deux C croisés couronnés, accostés d'un alérion et d'un lys. — ℟. CLAVDIA LOT. ET BAR. DVCISSA. Écusson couronné, mi-parti Lorraine et France, et accosté de deux C croisés, couronnés. 2 pièces variées. Cuivre.

449. Mêmes types. L'écusson sans accostemeut. 2 pièces variées. Cuivre.

450. Mêmes types. Variété. CONCORDIÆ CVSTOS. *id.*

451. CLAVDIA LOT. ET BAR. DVCISSA. Écusson comme aux précédents et accosté de C.—℟. FLAMMAM COR TERMINAT ASTRIS. Cœur enflammé. Cuivre.

452. CLAVDIA LOT. ET BAR. DVCISSA DABAT. Demi-croix de Lorraine et demi-fleur de lys sous une couronne. — ℟. SIC NOSTRA E CŒLIS RATIO. 1560. Balance. Cuivre.—T.B.

453. CLAVDIA, ETC. Écu sans accostement.—℟. SIC VOLVERE DII. Trois alérions percés par une flèche. 5 variétés. Cuivre.

454. *Id.* au droit.—℟. HOMO NON SEPARET. 2 écussons Lorraine plein, et mi-parti Lorraine et France. Cuivre.

455. *Id.* au droit. — ℟. FIDEI VICTRICI. Autel. Au-dessus, deux mains soutenant la croix de Lorraine. 1563. Cuivre.

456. VT PALMA SVRGIMVS DI 47. Chiffre couronné composé de deux C croisés et d'un F (Claude de France), entouré de branches. — ℟. FIDEI VICTRICI. 15-63, l'autel précédent. 2 pièces. Cuivre.

457. Même au droit. — ℟. IN OMNIBVS RATIO V. 1567. Hercule étouffant Anthée (A). 2 pièces variées. Cuivre. — T.B.

458. Deux écussons accolés sous une seule couronne. Lorraine plein et mi-parti. Lorraine plein et France. Exergue: HOMO NON SEPARET. — ℟. FIDEI VICTRIC, autel du n. 455 accosté de 1563. 8 pièces variées. Cuivre. — B.

459. Le mêmes. Les écussons sont cernés par des branches d'olivier. Cuivre rare.

460. E... T... ADHVC SPES DVRAT AVORVM 1570-1572. Écusson plein de Lorraine couronné, accosté de C croisés couronnés, et surmonté d'un bras armé. — ℟. SIC VOLVERE DII. Trois alérions percés par une flèche. Dans le champ, deux C croisés couronnés et deux croix de Lorraine. 6 pièces variées. Cuivre. — F.D.C.

460 *bis*. Vingt et une variétés de la même pièce. 1570. 1571, 1572. Cuivre.

461. Même pièce datée 1570. Argent. — F.D.C.

462. QUAND A DIEV PLAIRA. Tète de mort entre deux roses et posée sur une roue. — ℟. ÉQVITÉ ET IVSTICE. Balance, etc. 1583. Cuivre. — F.D.C.

463. CAROLVS D. G. CAL. LOTH. B. GEL. DVX. Buste barbu cuirassé à droite. — ℟. FECIT POTENTIAM IN BRACHIO SVO.

Bras armé, trois alérions à gauche, et C croisés à la droite de l'épée. Très rare et superbe jeton. — AR.

464. Le même, cinq variétés. Cuivre. — B. et T.B.

465. Même légende et même buste. — ℟. Écu simple de Lorraine adossé à un manteau avec heaume couronné, timbré d'un aigle. Les sept écussons couronnés. Au haut, C croisés. Au bas, 1589, et un autre varié, sans date. 2 pièces. Cuivre.

466. CAROLVS DEI GRATIA. Même buste à droite. — ℟. LOTHAR DVX 88. Écu simple de Lorraine surmonté d'un heaume couronné, timbré d'un aigle essorant adossé à un manteau, etc. Aux côtés, deux croix de Lorraine. 2 pièces variées. Cuivre. — B.

467. Même légende et même buste. — ℟. LOTHAR DVX 88 et 1589. Bras armé, trois alérions et une croix de Lorraine dans le champ. 5 pièces variées. Cuivre.—B.

468. Même pièce, avec la date 1589. La croix de Lorraine couronnée. 2 pièces. Autre sans la croix. Cuivre.—T.B.

469. LOTHAR DVX 88. Écu du n. 466. — ℟. FECIT POTENTIAM IN BRACHIO SVO. Bras armé à gauche de l'épée, trois alérions. Cuivre.

469 *bis*. Sans légende. Même écu accosté de quatre C croisés.— ℟. le même. Cuivre.

470. CAROLVS DEI GRATIA. Buste du n. 463. — ℟. Sept écussons couronnés autour de celui de Lorraine accosté de deux croix de Lorraine, 1588. 3 pièces variées. Cuivre. — B.

471. Même légende et même buste.—℟. Sept écussons couronnés radiants autour de la bande simple de Lorraine, de chaque côté de l'écusson de Hongrie placé au sommet, 1588. Cuivre.—B.

472. Les sept écussons comme au n. 470.—℟. Revers du n. 469 sans les alérions (jeton frappé avec deux revers). Cuivre. — T.B.

473. IPSA SIBI PRŒTIVM VIRT. Génie planant sur une campagne et tenant une palme d'une main, une couronne de l'autre.—℟. Écu simple de Lorraine adossé à un manteau surmonté d'un heaume couronné, timbré d'un aigle et entouré de sept écussons couronnés. 12 pièces var. Cuivre.

474. Même pièce. Des croix de Lorraine séparent les écussons. Argent.—T.B.

475. Même pièce, datée 1587 et 1589. 3 pièces. Cuivre.

476. Même génie et même légende. — ℟. LOTHAR DVX 88. Bras armé, dans le champ trois alérions et une croix de Lorraine. 2 pièces variées. Cuivre. — B.

477. Même génie et même légende. — ℞. Sept écussons radiants autour d'une bande de Lorraine. Cuivre.—T.B.

478. ÆQVITAS SCVTVM INEXPVGNABILE. Minerve armée debout, à ses pieds un guerrier renversé sur un faisceau d'armes. 1598. — ℞. Écu de Lorraine avec heaume couronné, manteau, etc., et entouré des sept écussons reliés par une chaîne de croisettes. Jeton rare. Argent.—B.

479. Le même au droit. — ℞. Bande de Lorraine dans un cercle de feuilles couronné, autour sept drapeaux aux quartiers de Lorraine, prés de la couronne deux C croisés. Jeton très rare. Argent.—F.D.C

480. Le même Deux boucliers sous le bras du guerrier renversé (Dom. Calmet, fig. LXV). Argent.—B.

481. Même pièce 1598. Quatre variétés. Cuivre.—B.

482. DA MIHI VIRTV CONTRA HOST TVOS. Écusson plein couronné. — ℞. FECIT POTENTIAM IN BRACHIO SVO. Bras armé. Cuivre.—T. B.

483. FECIT POTENTIAM IN BRACHIO SVO. Bras armé. — ℞. Ecu de Lorraine sur le manteau ducal, etc., environné des sept écussons, deux C croisés près des premiers, au bas 1589. Cuivre fruste.

484. CRESCENTI CRESCVNT CŒISTIA DONA. Le duc debout, couronné par Mars et Minerve ?.—℞. L'écu précédent. Cuivre.

485. LVX FVGAT VT TENEB. SIC ORDINE CVNCTA RESVRG. Soleil dissipant les nuages, etc., 1594. Entre les chiffres, les armes de Bassompierre. — ℞. Bande de Lorraine dans un cercle couronné, autour les sept quartiers dans des cercles séparés par des fleurons. 2 pièces. Cuivre.—T. B.

486. CAROLVS D. G. CAL. LOTH. BAR. GEL. DVX. Écusson plein couronné. — ℞. BENE FVNDATA EST SVPRA FIRM. PETRAM. Colonne portant au sommet l'écu de Bassompierre et ayant à ses côtés une croix et une balance. 1594. 5 pièces variées. Cuivre.

487. VNITA TRIVMPHANT. Arc et carquois enlacés de trois couronnes. 1696. — ℞. Celui du n. 479. Cuivre.—T.B.

488. VNITA TRIVMPHANT. Le type du précédent. — ℞. Écusson de Lorraine avec les sept écussons. 2 pièces. Cuivre.

489. IMMOTA RESISTIT. Roche. ℞. Écusson plein cerné de branches d'olivier. Cuivre.—T.B.

490. Le même. Avec CAROLVS, etc., autour de l'écusson orné, mais sans rameaux. Cuivre.

491. SIC FERT SE EX ANGVLO AD OMNIA VIRTVS. Sur une colonne, un miroir réfléchissant les rayons du soleil. — ℟. Bande de Lorraine environnée de sept drapeaux et écussons. Cuivre.—B.

492. NVL NE SY FROTTE. Écusson orné de Nancy. — ℟. Jugement de Paris. Deux variétés. Cuivre.—B.

493. PAX ET FOEL. TEMP. Deux mains supportant deux cornes d'abondance et un caducée. Ex. MDLXXXIX.—℟. PALLAS IVNO, VENVS. Les trois déesses nues, debout. Cuivre.

494. EVROPA RAVLE (Europe sur le taureau à droite. Ex. H.K.— ℟. Les trois déesses du précédent Jeton fait à Nuremberg. Deux pièces. Cuivre.

495. GECTZ DU BVREAV DE LORR. Écusson de Lorraine plein couronné. — ℟. FLAMMAM COR TERMINAT ASTRIS. Cœur enflammé. Jeton de 1560. Quatre pièces variées. Cuivre.

496. Même légende et écu. ℟. FIDEI VICTRICI. Autel, au-dessus deux mains tenant une croix. 1563. Cuivre.

497. Au droit comme au n. 547.—℟. VT PALMA SVRGIMVS DI 47. Lettres C.C. et F. en monogr. Jeton de 1567. Cuivre.

498. GECT DV BVREAV. Écusson plein adossé à un manteau, surmonté d'un heaume couronné, timbré d'un aigle. Deux C croisés couronnés aux côtés. ℟. SIC VOLVERE DII. Trois alérions percés d'une flèche. Jeton de 1570. Cuivre.—T.B.

499. Même légende et même écusson. — ℟. CRESCENTI CRESCVNT CŒLESTIA DONA. Le duc debout comme au n. 484. Jeton de 1582. Trois pièces variées Cuivre.

500. Même légende et écusson. — ℟. GENTIBVS E CŒLO MISSA COLVMNA SVIS 1583. Colonne accostée de deux cornes d'abondance, etc., 1583, 1586 et 1587. 4 pièces variées. Cuivre.—B. et T.B.

501. Même légende et écusson. — ℟. IPSA SIBI PRETIVM VIRTVS. Figure à mi-corps dans les nuages. (Frappé vers 1587.) Cuivre.

502. Mêmes légende et écu. — ℟. FECIT POTENTIAM IN BRACHIO SVO. Bras armé. Frappé vers 1589. Deux pièces. Cuivre T.B.

503. CAROLVS D. G. CAL. LO. B. GEL. DVX. Écusson plein orné. Exergue GECT DV BVREAV. —℟. BENE FVNDATA EST SVPRA FIRM. PETRAM. 1594. Colonne du n. 486. Cuivre.—T.B.

504. Même écu. — ℟. LVX FVGAT VT TENEB. SIC ORDINE CVNCTA RESVRGVNT. 1594 Soleil du n. 509. Cuivre.—T.B.

505. Écusson rond et orné, à gauche une vigne grimpante, à droite une palme. Exergue : GECT DE BVREAV. 1597. — ℟. SIC FERT SE EX ANGVLO, etc. Type du n. 491. Exergue : PROVIDENTIA. Cuivre.

506. Même légende et même écusson. — ℟. IMMOTA RESISTIT. Rocher, etc., 1597. Deux pièces. Cuivre.

507. CAMERA COMPVTOR LOTHAR. Écusson de Lorraine plein, couronné, accosté de C croisés. — ℟, FLAMMAM COR TERMINAT ASTRIS. Cœur enflammé. Deux pièces variées. Jeton de 1560. Cuivre. — T. B.

508. GECT DES COMPTES DE LORRAINE ET DE BAR. Au centre deux C croiéss avce croix de Lorraine, au-dessus l'écu simple de Lorraine, autour les sept quartiers dans des cercles. 1594. — ℟. BENE FVNDATA EST SVPRA FIRM. PETRAM (type du n. 486). Cuivre. — T. B.

509. Même légende et même type. — ℟. LVX FVGAT VT TENEB. SIC ORDINE CVNCTA RESVRG. Soleil dissipant les nuées, au bas l'écusson de Bassompierre avec 1594. Six pièces variées. Cuivre. — T. B. et F. D. C.

510. Même légende et mêmes écussons. — ℟. VNITA TRIVMPHANT. Arc et carquois, etc., 1597. Cuivre.

511. Même légende et mêmes écussons. — ℟. ÆQVITAS SCVTVM INEXPVGNABILE. Minerve du n. 478. Cuivre. — T. B.

Siége de Jametz (1587 à 1588).

512. CHARLOTTE DE LA MARCK. Écusson en losange couronné. — ℟. IAMETZ ASSIÉGÉE XX 1588. Deux pièces variées. Cuivre. — B.

513. Même légende et même écusson. — ℟. IAMETZ ASSIÉGÉE. Château à deux tours. Cuivre. — B.

Henri (1608 à 1624).

514. HENRI D. G. DVX LOTH. MARCH. D. C. B. G. Armes pleines de Lorraine dans le champ. — ℟. MONETA AVREA NANCEI C. Saint Nicolas bénissant trois enfants. (Pl. XXIV, n. 4.) Florin. OR.

515. Le même, avec NANCEII C. *id.* — T. B.

516. Même légende. Buste à droite. — ℟. MONETA AVREA NANCEII CV. 1617. Écusson plein couronné. Inédit. Pièce très rare. OR. — T. B.

517. HENRI D. G. DVX LOTH. M. D. C. B. G. Tête à droite.—℟. MONETA AVREA NANCEI. Écusson plein sans date. Pièce rare. (Pl. XXV, n. 1, var. inéd.) OR.—B.

518. Variété de la même pièce également sans date. OR.—T.B.

519. HENRI D. G. DVX LOTH. MARCH. D. C. B G. Buste à droite. ℟. MONETA NOVA NANCEII CVSA. 1612. Année très rare. (Pl. XXV, n. 2.) Teston.—T.B.

520. Le même. 1614. *id.* —T.B.

521. Le même. Conservation ordinaire. *id.*

522. Le même. 1615. *id.* —T.B.

523. Le même. Sans date. *id.*—F.D.C.

524. Même pièce, moins belle. 2 variétés. *id.*

525. Le même. Tout l'écusson dans le grènetis. *id.* —T.B.

526. Même légende et même buste.—℟. Mêmes types et légendes, mais l'écu accosté par deux croix de Lorraine. (Pl. XXV, n. 3.) Très rare. Quart de teston.

527. HENRI D. G. DVX LOTH. M. Écusson plein arrondi. 1623.—℟. MONETA NOVA NANCEII C. H couronné, accosté de deux alérions couronnés. (Pl. XXV, n. 5.) 3 pièces variées. Demi-gros (?).

528. HENRI II. D. G. DVX LOT.... Dans le champ H couronné. —℟. MONETA NOV.... Bande de Lorraine. (Pl. XXV, n. 6). Petit denier.

529. HENRI D. G. LOTH. B. DVX. Écussons accolés de Lorraine et Bar. — ℟. MONETA NOVA NANCEI CVSA. Alérion couronné. (Pl. XXV, n, 9.) 3 belles pièces variées. Double denier.—T.B.

530. Onze variétés de la même pièce. Doubles deniers.—B.

531. HENRI D. G. DVX LOTH. M. OU MAR. Mêmes écussons.—℟. Le même. 3 pièces variées. Doubles deniers.—T.B.

532. Sept autres variétés de la même pièce. *id.* —B.

533. HENRI D. G. LOTH. B. DVX M. OU MAR. OU MARCH. Cette légende du côté de l'alérion.—℟. MONETA, etc. Mêmes écussons. 4 pièces variées. Doubles deniers.—T.B.

534. Quatorze autres variétés de la même pièce. *id.* —B.

535. HENRI D. G. DVX LOTH. Écusson arrondi mi-parti de Lorraine et de Bar. —℟. MONETA NOVA NANCEII C. Alérion éployé de face. (Pl. XXV, n. 12.) 4 pièces variées. Denier.—T.B.

536. Trente-neuf variétés de la même pièce. Denier.—T.B.

537. Autre variété avec HENRI D. G. LOTH. B. DVX. (Pl. XXV, n. 11.) 5 variétés. Denier.—T.B.

538. Trente-huit variétés de la même pièce. *id.* —B.

539. HENRI D. G. LOTH. B. D. Même écusson. — ℟, HENRI D. G. LOTH. DVX MR. Même alérion. Denier très rare.

540. HENRI D. G. DVX LOTH. MA. Champ écartelé des armes pleines de Lorraine, — ℟. MONETA NOVA NANC. Croix de Lorraine couronnée, accostée de deux alérions couronnés. 1623. (Pl. XXV, n. 7.) 4 pièces. Denier.—B.

541. Même pièce avec 1624. 4 variétés. *id.* —B.

542. Même pièce sans date. (Pl. XXV, n. 8.) *id.* —F.

543. HENRI D. G. LOTH. DVX. Bande de Lorraine sur une épée.— ℟. MONETA NOVA NANCEI. Croix fleuronnée. (Pl. XXIV, n. 7.) 3 pièces variées. Petit denier ou obole.

544. Même légende. Épée accostée de deux croix de Lorraine couronnées.—℟. MONETA NOVA NANCEI CV. Croix de Jérusalem cantonnée de quatre croisettes. (Pl. XXIV, n. 6.) 6 pièces var. Petit denier ou obole. — T.B. et F.D.C.

Médailles du même règne.

545. HENR. II D. G. DVX LOTH. MARCH. DVX CAL. BAR. GLD. Buste armé à droite. — ℟. QUÆSITA ARTIBVS VTRAQVE NOSTRIS. 1612. Épée et main de Justice passant par deux couronnes enlacées. (D. Calm., fig. LXXVIII.) Médaille ovale avec bélière. AR. 48 mill.

546. HENRICVS D. G. CAL. LOTHAR. BAR. GEL. DVX. Buste à droite. — ℟. Écusson plein de Lorraine surmonté d'un heaume couronné, timbré d'un aigle couronné, portant au col la croix de Lorraine. L'écusson est adossé à un manteau et supporté par deux aigles couronnés. Médaille unique, coulée et ciselée. AR. 39 mill.

547. Même pièce, avec bélière. Cuivre. 39 mill.

Jetons du même règne.

548. HENRI PRIN. A. LOTHA. BARRI DVX M. MVSSI, et dans le champ AMORIS FŒLICITATI. Femme debout sur deux cornes d'abondance, tenant d'une main une lampe, de l'autre une

bourse, au-dessous l'écu de Tornielles. — ℟. SIC CŒLO VICINA FIDES. Écussons accolés de Lorraine et de France. Au-dessus deux mains jointes sous un soleil, au-dessous chiffre composé d'un H et de deux C. Exergue, 1599, date du mariage de Henri avec Catherine de Bourbon. (D. Calmet. LXVI.) Très rare jeton. AR.—T.B.

549. HENRICVS A LOT. MARCHIO PONTIMVSSAN. Écusson plein de Lorraine accosté de deux H traversés par une épée. 1582, 1583, 1584.—℟. CRESCENTI CRESCVNT CŒLESTIA DONA. Le duc debout, couronné par Mars et Minerve. 13 pièces variées. Cuivre.—B. et T.B.

549 *bis*. Même légende et même écusson. —℟. ÆQVITAS SCVTVM INEXPVGNABILI. 1598. Minerve à droite ; à ses pieds, un guerrier renversé. Cuivre. –T.B.

550. Même légende et même écu. — ℟. BENE FVNDATA EST SVPER FIRMAM PETRAM. Colonne surmontée d'un écu. Cuivre. 2 pièces.—B.

551. HENRICVS PRINC. A. LOT. DVX BARI. 1606. Écussons pleins de Lorraine ; les deux sous une seule couronne.—℟. VNIT. DVO. MARGARIS. VNA. Cœurs réunis par une perle avec cordelette repliée. Jeton rare. AR.—F.D.C.

552. Le même. 10 pièces variées. Cuivre.—B. et T.B.

553. Le même. Sans date. Rare. *id.*

554. HENRICVS D. G. DVX LOTH. MARCH. D. CA. B. G. 1612. Écusson plein couronné. —℟. QUÆSITA ARTIBVS VTRAQVE NOSTRIS. Épée et sceptre croisés couronnés de feuillages. 2 pièces. Cuivre.—Une T.B.

555. Le même. Sans date. 2 pièces. Cuivre.—T.B.

556. HENRIC. PRINC. A. LOTH DVX. BARI. Écussons pleins de Lorraine, etc. Les deux sous une couronne. — ℟. GECT DE LA CHAMBRE DES AYDES. Écusson plein de Lorraine couronné. Cuivre.—T.B.

557. GECT DE LA CHAMBRE DES AYDES. Écu de Lorraine plein couronné.— ℟. OPS SINGVLORVM SALVS OMNIVM. Vaisseau. Exergue : 1612. 4 pièces. Cuivre.—B. et T.B.

558. Même légende et même écu. — ℟. PVBLICA COMMVNI EXALTANT OPE. Trois hommes portant le sceptre, la main de Justice et la couronne. Sans date. Cuivre.—B.

559. *Id.* Dans la couronne au droit, 1615. AR.—T.B.

560. *Id.* Le même. 1615, 1616. 2 pièces. Cuivre.—T.B.

561. *Id.* INCVNCTOS OPTIMA. Deux hommes recueillant les fruits d'un arbre. 16.. (fr.) Cuivre fruste.

562. Même légende et même écu.—℟. FOVET ET RECREAT. Soleil sur deux couronnes. 1624. Cuivre.—T.B.

563. IECT DES CHAMB. DES COMPT. DE LORR. ET BA. Écusson plein couronné. 1614.—℟. DIRIGIT ATQVE TVETVR. Phare. Au bas les armes de Tornielles. Rare. AR.—F.D.C.

564. Le même. 1614. 2 pièces variées. Cuivre.

565. Même légende et même écusson. — ℟. BENE FVNDATA EST SVPRA FIRMA PETRAM. Colonne surmontée d'un écu, etc. Cuivre.

Charles IV et Nicole (1624—1625).

566. CARO. ET NIC. D. G. LOTH. MARC. D. C. B. G. Bustes accolés du duc et de la duchesse à droite.—℟. MONETA NOVA NANCEII CV. Écusson plein de Lorraine couronné, entouré d'un cercle intérieur, au-dessus de la couronne la date 1624. Pièce très rare. AR. Teston.—T.B.

567. Même pièce, cuivre jaune, teston faux du temps, en essai. Également 1624, sans le cercle intérieur. Cuivre.—T.B.

568. Même. 1625. Rare et superbe pièce. AR. Teston.—F.D.C.

569. CAR. ET NIC. D. G. DVX LOTH. ET BAR. Alérion couronné. 1625. — ℟. MONETA NOVA NANCEI CVS. Écu mi-parti de Lorraine et de Bar, accosté de deux croix de Lorraine couronnées. (Pl. XXV, n. 15.) 5 pièces variées. Double denier.—F.D.C.

570. Neuf variétés de la même pièce. *id.* B. et T.B.

571. Même pièce sans date. Probablement de 1624. 4 pièces variées. Double denier.—F.D.C.

572. Quatre autres variétés de la même pièce. *id.* —B. et T.B.

573. Même légende et même alérion, avec 1625. — ℟. MONETA NOVA NANCEII. Écu de Lorraine rond et orné. (Pl. XXV, n. 18.) 2 pièces variées. Denier.—F.D.C.

574. Cinq autres variétés de la même pièce. *id.* —B. et T.B.

575. Même pièce sans la date. (Pl. XXV, n. 17.) 3 variétés. Denier.—F.D.C.

576. Quatorze autres variétés de la même pièce. *id.* —B. et T.B.

577. CAR. ET NIC. D. G. DVC. LOTH. B. Épée entre deux croix de Lorraine couronnée. — ℟. MONETA NOVA NANCEII C. Croix fleuronnée et évidée. 3 pièces variées. Obole (?).—B.

578. Même légende. Croix de Jérusalem, cantonnée de quatre croisettes. — ℟. MONETA NOVA NANCEII. Épée entre deux croix de Lorraine couronnée. (Pl. XXV, n. 14.) 2 pièces variées. Obole (?). — B.

François II (1625 et années suivantes).

579. FRANC. II. D. G. DVX LOTH. MARCH. D. C. B. G. Buste drapé à droite. — ℟. MONETA NOVA BA. CVSA. 1626. Écusson plein couronné. (Pl. XXVI, n. 2.) Très rare. Teston. — F. D. C.

580. FRANC. D. G. DVX LOTH. MARCH. D. C. B. G. Même buste. — ℟. Même légende et même type 1629. (Pl. XXVI, n. 3.) Très rare. Teston. — T. B.

581. Même pièce moins belle. 1630. Teston.

582. FRANC. II D. G. DVX LOTH. MARCH. D. C. B. G Même buste à droite. — ℟. FLOR AD LEGEM ET VALOREM IMPERII BA. CVSA. Écusson plein couronné sur la couronne. 1632. Magnifique et rarissime pièce. (Pl. XXVI. n. 1.) Grand écu. — F. D. C.

583. FLORENVS AD LEGEM ET VALORE IMPERII BA. CV. Écusson plein couronné. Aux côtés de l'écusson, 1632. — ℟. MONSTRA TE ESSE MATREM. La vierge debout dans un contour ovale garni de flammes. Autre pièce de la plus grande rareté. Grand écu. — T. B.

Médaille du même règne.

584. FRANC. A LOTH. MARCH. HATT. CO. VAVD. SALM. CH. Buste drapé et cuirassé à gauche. — ℟. Écusson couronné, écartelé aux 1er et 4e de Lorraine plein, aux 2e et 3e de France. Médaille retouchée au burin. AR. 38 mill. — F. D. C.

Jetons.

585. FRANC. A. LOTH. COM. VAD. ET CHRIST. COM. A. SALM. Chiffre formé de deux C et un F, couronné et accosté de deux croix de Lorraine, sous le chiffre XV avril MDXCVII. — ℟. VNITA TRIVMPHANT. Arc et carquois avec trois couronnes enlacées. (D. Calm., LXXXII.) Très rare et superbe jeton. AR. — F. D. C.

586. FRANC. A. LO. COM. VADEM. Écusson arrondi et orné, écartelé aux 1er et 4e de Lorraine plein, 2e et 3e de France. — ℟. Même légende et même type. Au bas, 1596; 1597. 6 pièces variées. Cuivre. — T. B. et F. D. C.

587. FRANC. A. LOT. COM. VADEMONT ET C. Écusson quarré plein de Lorraine couronné. — ℟. Même légende et même type. 1597. Cuivre.

588. Mêmes légende et écu. — ℟. IMMOTA RESISTIT. Rocher sur lequel soufflent les vents. 4 pièces variées, une T.B. Cuivre.

589. Mêmes légende et écu. — ℟. IPSA SIBI PRETIVM VIRT. (Revers d'un jeton de Charles III.) Figure à mi-corps dans les nuages. *Id.*, un autre jeton fruste. Cuivre.

590. Même légende et écu. — ℟. LVCERNA PEDIBVS MEIS VERBVM TVVM. Lampe sur un livre. Cuivre. — T.B.

591. PRO CAMERA. COMP. FRANC. II DVX LOTH. ET BAR. Écu de Lorraine sur le manteau, surmonté d'un aigle et entouré des sept écussons. — ℟ BENE NVMERAT QUI NIHIL DEBET. Homme barbu assis à une table, de chaque côté un page debout. 1631. Cuivre. — T.B.

Charles IV seul (1626—1633).

592. CAROLVS D. G. DVX LOTH. MAR. D. C. B. G. Buste drapé à droite. — ℟. MONETA NOVA NANCEII C. Écusson plein couronné. Sur la couronne : 1.6.2.6. Teston. — T.B.

593. CAROLVS D. G. DVX LOTH. MARCH. DVX C. B. G. Même buste à droite. — ℟. MONETA NOVA NANCEII CVSA. Écusson sur la couronne. 1627. (Pl. XXVI, n. 6, var.) Teston. — T.D.C.

594. CAROLVS D. G. DVX LOTH, MARCH. D. C. B. G. Même buste à droite. — ℟. Le même. 1627. (Pl XXVI, n. 4, var.) Teston. — T.B.

595. Le même, daté 1628. *id.* — T.B.

595 *bis*. Le même. 1629. Mal conservé. *id.*

596. Le même. 1630. *id.* — F.D.C.

597. Le même. 1632. *id.* — F.D.C.

598. La même pièce, un peu moins belle. Sans date. *id.* — T.B.

599. Légende et types du n. 593. Daté 1629. Pièce rare. (Pl. XXVI, n. 5.) Quart de teston.

600. CAROLVS D. G. LOTH. B. DVX. Écussons de Lorraine et de Bar, accolés et couronnés. Différent. G. — ℟. MONETA NOVA NANCEI CVSA. Alérion couronné. — Gros. (Pl. XXVI, n. 8.) 7 pièces variées. Gros ou double denier. — F.D.C.

601. CAR. D. G. LOT. ET B. DVX. Écusson mi-parti Lorraine et Bar, accosté de deux croix de Lorraine couronnées. — ℟.

MONETA CVSA NANCEII. Alérion couronné. (Pl. XXVI, n. 7.) 8 pièces variées. Gros ou double denier. — F.D.C.

602. CAROL. D. G. LOT. B. DVX. Mêmes écussons. — ℞. MONET. NOV. NANCEI CVSA. (Pl. XXVI, n. 9.) Rare.
Demi-gros ou denier.

603. CAROL. D. G. LOT. B. DVX. Écusson arrondi, mi-parti Lorraine et Bar. — ℞. MONET. NOV. NANCEI CVSA. Alérion. (Pl. XXVI, n. 10.) 7 pièces variées.
Demi-gros ou denier. — T.B. et F.D.C.

604. CARO. D. G. LOT. ET B. DVX. Même écu. — ℞. MONETA CVSA NANCEII. Alérion. (Pl. XXVI, n. 11.) 3 pièces variées.
Obole. — F.D.C.

Première occupation française (1634—1661).

TYPES LORRAINS.

605. MONETA NOVA NANCEI. Écussons accolés et couronnés de Lorraine et de Bar. (G pour différent.) — ℞. MONETA NOVA NANCEII CVSA. Alérion couronné. 5 pièces variées.
Gros ou double denier.

606. MONETA NOVA NANCE. Écusson arrondi, mi-parti Lorraine et Bar. — ℞. MONETA NOVA NANCEII CV. Alérion couronné. 2 variétés. Demi-gros ou denier. — T.B.

607. MONETA NOVA NANC. Écu rond de Lorraine. — ℞. MONETA NOVA NANCEII C. Alérion. 2 pièces rares.
Demi-gros ou denier. — T.B.

608. MONETA NOVA NAN. Épée, la pointe en bas, entre deux croix de Lorraine couronnées. — ℞. MONETA NOVA NANCEI. Croix de Jérusalem, cantonnée de quatre croisettes. Obole. — B.

TYPES FRANÇAIS.

609. LOYS XIII. R. DE FRAN. ET NAVAR. Buste lauré du roi à droite. — ℞. DOUBLE LORRAIN. 1635, 1636. Dans le champ trois lys. 2 pièces. (Pl. XXVII, n. 2.) Cuivre. — T.B.

610. Mêmes pièces mal conservées. 1635, 36, 37, 38, 39. 16 pièces variées. (Pl. XXVII, n. 3.) Cuivre.

Médailles de la même époque.

611. LVDOVICVS XIII REX CHRISTIANISSIMVS. Buste jeune à droite, avec cuirasse sous un manteau; au bas : MOLART F. — ℞.

PRIMA FINIVM PROPAGATIO. La France debout, tenant de la main droite une Victoire, de la gauche une branche d'olivier, et appuyée sur un cippe sur lequel un plan de la ville.—℟. THEODONISVILLA EXPVGNATA. Ex. MDCXLIII. (Au bas ; MOLART F.) Bronze, 74 mill.—F.D.C.

612. LVDOVICVS XIV REX CHRISTIANISSIMVS. Buste jeune, lauré à droite. Sur la poitrine la croix du Saint-Esprit, au bas R. — ℟. Le précédent. Bronze. 70 mill.—F.D.C.

613. LVDOVICVS XIIII REX CHRISTIANISSIMVS. Tête enfantine, à droite (Mauger f.) — ℟. PRIMA FINIVM PROPAGATIO. la France une Victoire d'une main, un rameau de lys de l'autre; elle s'appuie sur un cippe où se trouve un plan. Exergue : THEODONISVILLA. EXPVGNATA. MDCXLIII.
AR. 40 mill.—F.D.C.

614. Même pièce. Variété. THEODONISVILLA EXPVGNATA. X. AVGVSTI, MDCXLIII. Bronze. 40 mill.—F.D.C.

615. Même pièce, même légende. La tête du roi avec les cheveux longs. — ℟. VRBIVM GALLICARVM AD MOSAM SECVRITAS.— Stenay à genoux devant la France. Exergue : STENANVM CAPTVM. MDCLIIII. Bronze. 40 mill.—F.D.C.

616. Même légende et même tête. — ℟. ALSATIÆ ET LOTHARINGIÆ QVIES. Femme montrant l'écu de Béfort renversé. Ex. : BEFFORTIVM CAPTVM. M DC LIV. Bronze. 40 mill.—F.D.C.

617. LVDOVICVS XIV. REX CHRISTIANISSIMVS. Buste jeune drapé et couronné à droite. — ℟. ARMORVM PRIMITIÆ. Faisceau d'armes au centre duquel s'élève une colonne avec les armes de Montmédy. Exergue : MONS MEDIVS CAPTVS. M.DC.LVII. (Molard f.) Bronze. 70 mill.—F.D.C.

618. Tête et légende du n. 615.—℟. MONS MEDIVS CAPTVS. Faisceau comme au précédent. Exergue : M.DC.LVII.
Bronze. 40 mill.—F.D.C.

619. Même tête et même légende. — ℟. PRIMO REGIS ADVENTV. Femme prosternée aux pieds d'un guerrier. Exergue : MONS MEDIVS CAPTVS. IV. AVGVSTI M.DC.LVII.
Bronze. 40 mill.—F.D.C.

Les neuf médailles ci-dessus sont des restitutions du Musée monétaire.

Jetons de la même époque.

620. LVDOVICVS XIII FRANCORVM ET NA. REX. Écussons de France et de Navarre. — ℟. FVGAT OPPORTVNE. Soldats fuyant d'une ville à l'arrivée d'une armée. Exergue : 1632. (Prise de Bar ou de Vic.) (?) Cuivre.—F.D.C.

621. LVDOVICVS FRANC. ET NAVAR. REX. Buste lauré et drapé à droite. Exergue : 1634. — ℟. LOTH. ET BAR. IN PROV. FORM. REDACT. Deux femmes assises sous une plante de lys, tenant l'une l'écu de Lorraine, l'autre celui de Bar. Exergue : CONS. SVPR. HANC. Jeton très rare. AR. — T.B.

622. LVDOVICVS MAGNVS REX. Tête à droite. — ℟. PRIMA FINIVM PROPAGATIO. La France des nos 611 à 614. THEO EXPVGNATA. 2 pièces variées. Cuivre. — B.

623. LVDOVICVS MAGNVS REX. Tête à droite. — ℟. ARMORVM PRIMITIÆ. Faisceau d'armes. Exergue : MONS MEDIVS CAPT. 2 pièces variées. Cuivre. — B.

624. LVD. XIIII ET MAR. THER. D. G. FRA. ET NAV. REX ET REG. Bustes affrontés de Louis XIV lauré et de Marie-Thérèse couronnée. — ℟. NEC POTIOR NEC PAR. Soleil. Exergue : DE L'INT. D. LORR. BARR ET EVESCHÉS. 1660. Refrappe. Cuivre. — F.D.C.

625. LVD. XIIII D. G. FR. ET NAV. REX. Buste drapé à droite. — ℟. HAC MERCEDE PLACET. Femme assise offrant une couronne. Exergue : DE L'INT. D. LORR. ET EVESCHÉS. 1561. Cuivre. — B.

626. INCOLVMES SVB REGE NOVO. Ruche sous un arbre. Exergue : CONFIR DES PRIVIL. — ℟. Le précédent. Cuivre. — B.

Nicolas-François (1634—1637).

627. N. FRANC. D. G. DVX LOTH. MARCH. D. C. B. G. Buste à longs cheveux drapé à droite. — ℟. MONETA NOVA FLORENT. CVSA. Écu de Lorraine couronné au-dessus. 1634. Teston. — T.B.

Le caractère de tête de cette rarissime pièce diffère beaucoup avec celle du teston gravé à la planche XXVII de Saulcy.

Charles IV (occupation momentanée de quelques places, 1638—1639).

628. CAROLVS D. G. DVX LOTH. MARCH. D. C. B. G. Buste jeune à droite. — ℟. MONETA NOVA ROMARTI CVSA. Écusson plein couronné, au-dessus de la couronne 1638. Pièce très rare. (Pl. XXVII, n. 4.) Teston. — F.D.C.

629. CAROLVS D. G. DVX LOTH. M. D. C. B. G. Écu plein couronné, sur la couronne 1639. — ℟. DA MIHI VIRTV CONTRA HOSTES TVOS. Croix de Jérusalem, dans un contour fleuronné. (Pl. XXVII, n. 5.) Très rare. OR. Double pistole. — F.D.C.

Charles IV. 1661—1670. (Ob. 1675.)

630. CAR. IIII. D. G. DVX LOTHAR. ET BAR. Tête laurée à droite. Au bas : 1663. — ℞. SIT. NOM. DOM. BEN. Croix formée de quatre chiffres couronnés, composés chacun de deux C entrecroisés. Au centre une croix de Lorraine. (Pl. XXVII, n. 8) Magnifique pièce très rare ayant la valeur du Louis France. OR.—T.B.

631. Même tête. Au bas 1632.—℞. CHRS. REGN. VINC. IMP. Croix formée de huit C adossés et couronnés. Au centre la lettre A. (Pl. XXVII, n. 9.) Cette superbe pièce, au moins aussi rare que la précéd., a pu être frappée à Paris. OR.—T.B.

632. Type du n. 630. Sous la buste, 1665. (Aussi rare et d'une beauté des plus remarquables.) OR.—F.D.C.

633. CAROLVS D. G. DVX LOTHA. ET BAR. Buste lauré à droite. — ℞. SIT NOMEN DOMINI A. BENEDICTVM. 1665. Écusson de Lorraine couronné. (Pl. XXVII, n. 10.) Rare et superbe pièce. Petit écu.—F.D.C.

634. Même pièce, datée 1668. *id.* *id.*

635. CAROLVS D. G. DVX LOTH. MARCH. D. C. B. G. Buste à droite. — ℞. MONETA NOVA NANCEII CVSA. 1663. Écu plein couronné. (Pl. XXVIII, n. 2.) Teston.—T.B.

636. Var. de dessin, spécialement dans la couronne. *id.* —T.B.

637. Le même. Var. avec MAR. D. C. B. G. 1665. *id.* —T.B.

638. Le même, avec MARC. C. B. G. 1666. *id.* —T.B.

638 *bis*. Le même, avec MARCH. D. C. B. G. 1668. *id.* —T.B.

639. CAROLVS IIII. D. G. LOTH. ET BAR. DVX. Buste à droite. — ℞. Comme aux précédents. 1667. Teston.

640. CAROLVS IIII D. G. LOT. ET B. DVX. Buste à droite. — ℞. Celui des précédents. 1668. (Pl. XXVIII, n. 2.) Teston.—T.B.

641. Même pièce. 1669. *id.*

642. CAROLVS D. G. DVX LOTH. MARCH. D. C. B. G. Buste à droite. — ℞. MONETA NOVA NANCEII CVSA. 1663. Écu plein couronné. Demi-teston.—F.D.C.

643. CAROLVS D. G. DVX LOTH. MARCH. 1664. (Pl. XXVIII, n. 3.) Demi-teston.—F.D.C.

644. CAR. IIII. D. G. DVX LOT. MAR. D. C. B. G. 1665. (Pl. XXVIII, n. 4.) Demi-teston.—F.D.C.

645. CAROLVS D. G. DVX LOT. MAR. D. C. B. G. 1666. Demi-teston.—F.D.C.

646. CAROLVS D. G. DVX LOTH. MAR. 1668. *id.* *id.*

647. CAR. D. G. DVX LOTH. ET B. D. Buste à droite.—℟. MONETA NOVA NANCEII CVSA. 1666. Écu plein de Lorraine couronné. Pièce rare. Quart de teston.—T.B.

648. Le même. 1668. (Pl. XXVIII, n. 5.) *id.* *id.*

Médailles émises pendant les deux dernières parties du règne.

649. CAROLVS A LOTH. PRINCEPS A VAVDEMONT. Buste très jeune drapé et cuirassé à droite.—℟. VIRTVS EST PATRVM. Aigle regardant le soleil. Méd. ovale, coulée. Cuivre. 48 mill.

650. CAROLVS IIII. D. G. DVX LOTH. MARCH. DVX C. B. G. Buste jeune drapé et cuirassé à droite.— ℟. FVGIANT QVI ODERVNT EVM, A FACIE EIVS. Bras armé; 3 alérions à gauche de l'épée, une croix de Lorraine couronnée à droite. Médaille ovale avec bélière. Cuivre. 45 mill.

651. CAROL. D. G. DVX LOTH. MARCH. D. C. B. G. Buste moins jeune drapé et cuirassé à droite. — ℟. Même légende et même type, deux C enlacent la croix de Lorraine non couronnée. Cuivre. 50 mill.

652. CAROLVS IIII. D.G. DVX LOTH. BAR. MARC D. C. Buste jeune à droite.—℟. Le même. La croix de Lorraine, enlacée des deux C, couronnée. Très belle médaille ovale formée de plaques frappées et réunies dans un cercle avec bélière. OR. 27 mill.

653. Même pièce, également avec bélière, la tête plus vieille. Médaille coulée. AR. 30 mill.

654. Même pièce. Métal de cloche. 30 mill.

655. CHARLES DE LORRAINE. Buste jeune à droite. — ℟. Bras armé. Deux C croisés sur la croix de Lorraine, couronnée à gauche de l'épée, trois alérions couronnés, à droite. AR. 14 mill.

656. CAROL. IIII. D. G. LOTH. C. BAR. G. DVX. Buste à droite. — —℟. J'ESPÈRE AVOIR. Bras armé. Type précédent. Il manque plusieurs fragments de la pièce, trop petite Ovale. OR. 12 mill.

657. Le même. Fonte d'argent, avec bélière. AR. 12 mill.

658. Le même. Cuivre, avec bélière. Cuivre. 12 mill.

659. CAROLVS IIII. D. G. DVX. LOT. MARC. D. C. B. G. Buste à droite. Au bas : H. F.— ℟. FAMA SVA CIRCVIT ORBEM. Re-

nommée tenant l'écusson de Lorraine au-dessus de la ville de Nancy. Exergue : NANCY. 1660. AR. 18 mill.

660. Même pièce. Cuivre jaune. Cuivre. *id.*

661. CAROLVS IIII. DEI GRA. LOTHARINGIÆ ET BARI DVX. Buste cuirassé et drapé du duc, avec longue perruque à droite. —℟. Même type en creux. Bronze. 70 mill.—T.B.

662. CARO. IIII. D. G. LOTH. MARCH. CAL. BAR. GEL. DVX. Même buste. — ℟. HAC LVCE TRIVMPHO. Vaisseau sous toutes voiles, se dirigeant vers un palais; au-dessus, dans les nuages une croix de Lorraine entourée des rayons du soleil. Rare et très belle pièce. AR. 51 mill.—T.B.

663. LVDOVICVS MAGNVS REX. Buste lauré, à cheveux courts, drapé et cuirassé à droite.—℟. CAR. LOTHARING. DVX BARRENSIS. REG. FR. VASSALLVS. Le duc à genoux devant le roi. Derrière le duc l'écusson de Bar. Au bas, H. B. Exergue : FIDEI IVRAM. HOMMAGIVM PRÆSTAT MDCLXI.
Bronze. 61 mill.—F.D.C.

664. La même. Le buste non lauré à longs cheveux, frappe moderne. Bronze. 61 mill.—F.D.C.

665. LVDOVICVS XIIII REX CHRISTIANISS. Tête à longs cheveux à droite. Dessous : L. MAVGER. F.—℟. HOMMAGIVM LEGIVM. CAR. LOTHAR. D. OC. DVCATVM BARRENSEM. Ex. : MDCLXI.
Bronze. 40 mill.—F.D.C.

666. LVDOVICVS MAGNVS FRAN. ET NAV. REX. P. P. Buste du n. 664. — ℟. PROTEI ARTES DELVSÆ. Artifices de Protée déjoués. Ex. : MARSAL. CAPT. MDCLXIII. T. B. F.
Bronze. 58 mill.—F.D.C.

667. LVDOVICVS XIIII REX CHRISTIANISSIMVS. Même tête à droite. —℟. PROTEI ARTES DELVSÆ. Aristée enchaînant Protée. Ex. : MARSAL. CAPT. MDCLXIII. Signé au droit Mauger.
Bronze. 40 mill. 2 pièces.—F.D.C.

668. Même légende et même tête. — ℟. PIGNVS INSTAVRATI FŒDERIS. Autel avec deux mains croisées. A gauche la ville de Marsal assise s'appuyant sur un écu. Ex. : MARSALLVM OCCVPATVM. IV SEPT. MDCLXIII. Jetons des deux dernières époques du règne. Bronze. 40 mill.—F.D.C.

Jetons des mêmes séries.

669. CAROL. IIII. D. G. DVX LOT. M. D. C. Buste à droite drapé et cuirassé. Au bas : C.C. — ℟. FAMA SVA CIRCVIT ORBEM. La Renommée planant au-dessus de la ville de Nancy. Ex. : NANCY. Cuivre jaune.—T.B.

670. CARO. IIII. D. G. LOTH. M. C. B. G. DVX. Même buste à droite. ℟. CVSTODIVNT NON CARPVNT. Une place publique. 1662. Cuivre.

671. CAROLVS IIII. D. G. DVX LOTH. MAR. C. B. G. Buste à droite. —℟. IVSTICIA ET PAX OSCVLATÆ. S. La Justice assise tenant la balance avec un rameau d'olivier. 2 pièces rares. Cuivre.

672. IECT DE LA CHAMBRE DES AYDES. Écu plein de Lorraine sur la couronne. 1626. —℟. CVM STATERA. Balance. Au haut deux mains. AR. —F.D.C.

673. La même pièce. Cuivre.

674. Même légende et écu. 1630. — ℟. IN VTRVMQUE ACCEPTA REFVNDIT. Cigogne sur un piédestal, devant elle deux vases, sur l'un desquels les attributs Ducaux. 2 pièces. Cuivre.

675. IECT DE LA CHAMBRE DES COMPTES DE LORRAINE. Écu simple de Lorraine accosté de deux croix de Lorraine.—℟. CVSTODIVNT NON CARPVNT. Place publique. 1662. AR.—T.B.

676. Même pièce. Cuivre.

677. Mêmes légende et écu.—℟. CAROLVS D. G. DVX LOTH. MARCH. D. C. B. G. Le duc à cheval à gauche. Cuivre.

Deuxième occupation française (1670—1697).

678. LVDOVICVS XIIII. REX CHRISTIANISSIMVS. Tête nue à droite. Dessous ; L. MAUGER F. — ℟. CAROLO. LOTH. DVCE NOVAS RES MOLIENTE. La France debout tenant de la droite une épée, et la gauche sur l'écusson de France; à ses pieds les écussons de Lorraine et de Bar. Exergue : LOTHARINGIA CAPTA. MDCLXX. Bronze. 40 mill.—F.D.C.

679. Mêmes légende et tête; au bas : LI. — ℟. GERMANIS ITERVM FVSIS. Cavalier à droite tenant le drapeau français. Exergue : AD NICRVM MDCLXXIIII. Derrière lui le Necker appuyé sur une urne. Bronze. 40 mill.—F.D.C.

680. LVDOVICVS MAGNVS REX CHRISTIANISSIMVS. Buste drapé et cuirassé à droite.—℟. SARLOISIVM CONDITVM. Le fleuve la Sarre recevant de la ville de Sarrelouis un plan en relief de la nouvelle citadelle. Exergue : MDCLXXXIII. Bronze. 62 mill.—F.D.C.

681. Légende et tête du n. 678. Dessous : LI. — ℟. SARLOISIVM CONDITVM. Même type. La Sarre représentée par un fleuve barbu, le plan que la ville lui présente, est sur un papier déroulé. Bronze. 40 mill.—F.D.C.

682. Même pièce. Sans nom d'artiste. Frappe moderne. Bronze. 40 mill.—F.D.C.

683. LOVIS XIIII. ROY DE FR. ET D. NAV. Buste du roi à droite. — ℞. Congrès. Exergue : PAIX A TOUTES NATIONS. 1679. Jeton cuivre.

Charles V (1675—1690).

Médailles.

684. ELEONORÆ AVSTRIACÆ ET CAROLO LOTHARINGICO. Bustes couronnés de Charles V et de sa femme vus de face. — ℞. FLVIT EX ASTRIS OMNIS FELICITAS. Double tête placée sur un autel ; au-dessus, deux cœurs enflammés surmontés d'une couronne ducale. Du ciel un Génie verse des rayons lumineux qui remplissent le champ ; à droite et à gauche, les écussons de Lorraine et de Pologne. Médaille coulée et ciselée. AR. 75 mill.—T.B.

685. La même (?). Fonte de cuivre retouchée au burin. Les lettres saillantes donnent 1678, date du mariage de Charles V. Cuivre. 75 mill.—T.B.

686. Même pièce. Plus petit module. AR. doré. 53 mill.—F.D.C.

687. CAROLVS DVX LOTH. Buste drapé et couronné du duc à droite. — ℞. ELEON. R. DVC. LOTH. Buste de la duchesse à droite. AR. 16 mill.—T.B.

688. IMPERII MVRVM INTERPONIT IN ORBE. Au sommet l'œil rayonnant de la Providence ; au centre l'aigle d'Autriche soutenant le monde ; autour, SVB VMBRA ALARVM TVARVM ; au bas, la lune qui se couche. — ℞. 1683 DIE 14 IVLII VIENNA AVSTRIÆ P TVRCIS OBSESSA SED., etc. 36 lignes de légende. AR. 43 mill.

689. EHR SEYE GOTT IN DER HÖHE. Aigle d'Autriche. Au bas les écussons de Pologne, etc. — ℞. VIENN VON TYRKEN BELEGERT DEN 14 JULY MIT HILF GOTTES ABGETRIEBEN DEN 12 SEPT 1683. AR. 27 mill.

Pièce avec peu de relief et qui a pu servir de monnaie comme la précédente.

690. Ville assiégée. — ℞. DIE 14 IVL VRBS VIENNA OBSIDIETVR TVRCIA FLENS REMOVETVR DIE 12 SEPT. Cuivre. 28 mill.

691. CARL. V. LOTHARIN. DVX. Cavalier à droite. — ℞. ERNST RUDIGER COM. STARNBERG. Cavalier à gauche. 2 superbes plaques d'argent. 49 mill.

Le comte de Starenberg était gouverneur de Vienne pendant le siège de cette ville, et fut lieutenant de Charles V pendant les trois campagnes suivantes.

692. Ville assiégée. Au-dessus, dans un listel : GAVDIVM IMPERII. —℟. NEUHAUSEL ERBAUET A. 1581. VON KAYSERL. MAY. BELEGERT. DEN $\frac{27}{7}$ JUNI / JULI MIT STURMENDER HANDT EROBERT DEN $\frac{9}{19}$ AUG. A. 1685. Médaille frappée pour la prise de Neuhausel, par le duc Charles V. AR. 36 mill.—F.D.C.

693. INNO. MDCXXXV. Écusson de Lorraine accosté de ceux de Bavière et de Waldeck. Au-dessous : PFEILE DES HEILS WIDER DIE SYRER. II. KÖNIG, XIII, V. 17.—℟. Bataille, au-dessus une carte géographique avec le plan d'une citadelle sur cette carte : NEVHEUSEL DEN $\frac{9}{19}$ AUG EROB. NEUTRA-FLUSS. En exergue : SCHLACHT BEY GRAN DEN $\frac{6}{16}$ AUG. (1685.) AR. 39 mill.—F.D.C.

694. Même pièce. Bronze. 39 mill.—F.D.C.

695. IN IIII AUGUSTALIA CÆSARIS ET IMPERII CID C LXXXV. Sabres et drapeaux dans deux couronnes. — ℟. Même légende et même type. Bronze. 39 mill.—F.D.C.

696. LEOPOLD. I. TURC-VICTOR. Buste à droite dans une couronne de lauriers, soutenu de deux aigles. Au bas, une ville.—℟. VERMEHRER DES REICHS. 1685. Entouré de dix médaillons portant des noms de ville. Étain. 39 mill.—T.B.

697. CAROLVS V. D. G. LOTHAR. ET BARI DVX. Buste de trois quarts, les épaules couvertes d'une peau de lion. Au-dessous BVLLIONVS ALTER.—℟. INFIDELIBVS HVNGARIA PVLSIS. Figures debout sur des cadavres couronnant le duc dont les pieds reposent sur une citadelle enflammée. Au bas, BVDA CAPT. 1686 et I. S. Étain. 58 mill.

698. DER CHRISTEN RVHM. Ange volant au-dessus d'une ville assiégée.—℟. OFEN A. 1526. VON SOLYMAN EROBERT U. A. 1541 MIT LIST BESETZT, HERNACH VON R. K. M. LEOPOLD DEN $\frac{26}{2}$ AUG. / SEPT. A. 1686 IN ANGESICHT DES GROSS-VEZIERS DURCH STURM BEZWUNGEN. En 11 lignes. Cuivre. 29 mill.—T.B.

699. BVDA ASTV CAPTA A SOLYMANNO, ETC. Même siége de ville. —℟. FVGITVR NIDO, NIDVM QVI CEPIT INIQVE, ETC. Dragon précipité d'un nid par un aigle. Cuivre. 45 mill.—F.D.C.

700. INFELIX BVDAM LVDOVICVS PERDIDIT OLIM HÆ ARMIS CÆDIT NVNC LEOPOLDI TVIS. Buste de l'empereur au-dessus d'une ville.—℟. STAT SOL LVNA FVGIT DVM IOSVE PVGNAT ET ORAT, SIC EGO PELLO DVOS, SIC LEOPOLDVS ERO. Guerrier arrêtant le soleil ; derrière lui deux armées combattant les Turcs en fuite. Cuivre. 47 mill.—T.B

701. AVSTRIACIS BVDA VRBS AQUILIS SVBSTERNITVR ARMIS. Ville assiégée; au-dessus l'aigle lançant la foudre. — ℟. IBIT FAVORE DIVINO, LEOPOLDI INDVSTRIA, BAVARI VI ET LOTHARINGI. L'empereur sur un char triomphal conduit par un génie portant l'écu de Lorraine; derrière des Turcs enchaînés. Les grandes lettres donnent 1686. AR. 52 mill.—T.B.

702. DONEC AVFERATVR LVNA. Aigle d'Autriche se posant sur le clocher d'une ville. Ex. : BVDA CAPTA. — ℟. Écusson garni d'ornements et surmonté d'un alérion à tête humaine. Cuivre. 27 mill.—T.B.

703. ES ZEIGT MOHATS DES KRIEGES PLATZ — UND SIEGES SCHATZ. Ville devant laquelle une bataille, devant la ville MOHAZ. Au-dessus deux bustes dans des couronnes de laurier; sur la première : M. E. C. CH. F. V. B. (Maximilien Emmanuel Churfürst v. Bayern); sur la seconde : C. H. V. LOTH. (pour *Carl Henri von Loth.*), et au-dessus une croix avec IN HOC SIGNO.—℟. KOMT LEOPOLDI SIEG AM TAG 1687, ETC. L'empereur sur un char traîné par trois lions (frappée pour la bataille de Mohaz); sur la tranche, on lit : GOTT HUTH, ETC. AR. 42 mill.—F.D.C.

704. LEOPOLDVS MAGNVS ROM. IMP. P. P. Buste de l'empereur à droite. Dessous : G. H. Ex. : CLADES TVRCARVM AD SICKLOSS, DEN $\frac{12}{2}$ AVG. M.DC.LXXX VII. Bataille. (En mémoire de la victoire remportée à Sickloss sur les Turcs par Charles V.) Bronze. 42 mill.—F.D.C.

705. CAROLVS LOTHARING ET BARR. DVX. Buste du duc cuirassé à droite, armé au devant d'un casque, derrière l'épaule un rouleau ou un bâton de commandement. — ℟. QUOMODO CECIDIT DE CŒLO. Le duc, armé de toutes pièces, à pied. Armes de Lorraine sur sa cuirasse, sur son bouclier une vierge combattant l'hydre ayant des pieds d'aigle, le torse et les bras d'un homme. Au haut est un calice sur le soleil d'où partent des foudres qui frappent l'hydre. Dessous : E. I. (Nom de l'artiste.) AR. 53 mill.—F.D.C.

706. CAROLVS. V. D. G. DVX LOTHARINGIÆ MAR. D. C. B. G. Buste drapé et cuirassé à droite. (Signé : CHERON.)—℟. ET VALIDE ET SVBITO. Aigle lançant la foudre sur un obélisque d'où tombe le croissant. Dans le fond une ville. Ex. : PANONIA VINDICATA. AR. 53 mill.—T.B.

707. CAROLVS V. D. G. DVX LOT. MAR. D. C. B. G. Buste à droite. — ℟. VIRTVS GERMANORVM. Même type. Ex. : PANN. VINDICATA. S. V. Même pièce gravée par St. Urbain.) Bronze. 53 mill.—F.D.C.

708. La même. Plus épaisse avec bélière. Bronze. 58 mill.—T.B.

709. C. V. D. G. L. B. D. REX. I. VICTOR BARBA. NA. (Barbaræ nationis). Tête à droite. — ℟. ET VALIDE ET SVBITO. Même type. Ex. : PANN. VINDICATA. S. V. (Même artiste.)
AR. 25 mill.—T.B.

710. Même pièce. Bronze. 22 mill.—F.D.C.

711. CAROLVS DVX LOTHARINGIÆ. Buste cuirassé à droite. Dessous : G. I. L.—℟. IVNCTA PIE FORTIS FORTIOR. Deux bras, l'un tenant la croix, l'autre une tête de Turc au bout d'une épée. AR. 30 mill.—F.D.C.

712. CAROLVS V. D. G. LOTHARINGIÆ, ETC. Buste cuirassé à droite. —℟. ASTRVM VTRVMQVE RECET. Jupiter lançant la foudre. Au fond un soleil levant (Louis XIV), au devant un faisceau d'armes turques renversées. (Deux plaques soudées.)
Étain. 43 mill.

713. CAR. V. D. G. LOTH. ET BARR DVX S. C. M. GENERALISS. Buste à droite. (Au bas : G. H.) — ℟. SVRGET NOSTRIS EX OSSIBVS VLTOR. Phœnix sur un bûcher formé d'armes turques et françaises. Ex. : OBIIT WELSI $\frac{8}{18}$ APR. A. 1690. Æ. 47. Légende sur la tranche. AR. 40 mill.—T.B.

715. CAROLVS V. D. GRATIA LOTHARIN ET BARRI DVX. Buste cuirassé du duc à droite. Dessous : 1686.—℟. Guerrier ayant à ses pieds la religion chrétienne couchée sur une roue, des armes et des cadavres turcs, combattant la religion ottomane sous les traits d'une femme; au fond, un temple avec CHRISTO VLTOR sur le fronton ; sur un des boucliers, LORENA. Bronze. 85 mill.—T.B.

Léopold (1690 à 1729).

716. LEOP. I. D. G. LOTH. BA. REX IER. Buste drapé à droite. — ℟. IN. TE. DOMINE SPERAVI. 1700. Écu rond de Lorraine couronné. (Pl. XXVIII, n. 7.) Pièce très rare avec cette date. Teston.—F.D.C.

717. Même légende, IE à la fin. Tête jeune du duc à droite. — ℟. Même légende. 1700. Écu rond sur un cartouche. Une croix de Lorraine au milieu de l'écu. (Pl. XXVIII, n. 8.)
Teston.—T.B.

718. Même légende. Buste jeune drapé et cuirassé à droite. — ℟. Même légende. 1700. Écu plein de Lorraine sur un cartouche. (Pl. XXVIII, n. 9.) Demi-teston.—T.B.

719. Même légende. Tête laurée du duc à droite. Dessous : 1702. — ℟. TV DOMINE SPES. MEA. Croix formée de huit L

couronnées et cantonnées de quatre croix de Lorraine, et une croix dans le cercle du centre. Pièce surfrappée sur un Louis de Louis XIV. Pièce très rare. (Pl. XXIX, n. 4.) OR.—F.D.C.

720. Même pièce. Dans le cercle trois alérions, sans les croix de Lorraine dans les cantonnements.

721. Même légende. Buste drapé et cuirassé à droite.—℟. Lég. et écu du n. 718. Date 1701. (Pl. XXIX, n. 6) Teston.

722. Même pièce. 1702. Teston.—T.B.

723. Même pièce. Deux croix de Lorraine accostent la couronne de l'écu. 1701. Teston.—T.B.

724. Même pièce. 1702. T.B.

725. Même pièce. 1702. 2 variétés. Une surfrappée sur un Louis XIV. Demi-teston.—T.B.

726. Même pièce. Type du n. 721, sans les croix de Lorraine. 1702. 2 variétés. Demi-Teston.—T.B.

727. Même légende et même buste.—℟. IN TE DOMINE SPERAVI. 1702. Écu carré aux trois alérions couronnés. (Pl. XXIX, n. 5.) Très belle pièce de première rareté. Écu. — T.B.

728. LEOP. D. G. D. LOT. BA. REX IER. Buste drapé à droite. - ℟. IN TE DOMINE. 1704. Écu rond couronné, mi-parti Lorraine et Bar, cerné de palmes. (Pl. XXIX, n. 8.) Pièce rare. Écu.—T.B.

729. Même légende. Buste drapé et couronné à droite.—℟. Même légende. 1764. Écu carré, couronné mi-parti Lorraine et Bar. (Pl. XXIX, n. 10.) Teston.—T.B.

730. Mêmes types et légendes surfrappés sur une pièce n. 726. Unique et inédit. Demi-teston.—T.B.

731. Même légende Buste du n. 716 —℟. Même légende. 1705. Écu couronné, carré, simple de Lorraine, accosté de deux croix de Jérusalem. (Pl. XXX, n. 1.) Teston.—T.B.

732. Même pièce plus grande surfrappée, sur un Louis XIV. Teston.—T.B.

733. Mêmes légendes et types. 1705. (Pl. XXX, n. 2.) Unique et inédit. Demi-teston.—F.D.C.

734. Légendes et types du n. 716, daté 1709-1710. (Pl. XXX, n. 6.) 4 variétés. Teston.—B. et T.B.

735. Mêmes lég. et types. 1709. Très rare. Demi-teston.—F.D.C.

736. LEOPOLDVS. I. D. G. D. LOT. BAR. REX IER. Buste drapé à droite. Dessous : S. V. (St. Urbain.) — ℞. IN TE DOMINE SPERAVI. 1710. Écu rond simple de Lorraine couronné et orné de palmes. (Pl. XXX, n. 5.) Pièce rare. Écu.—T.B.

737. LEOP. I. D. G. D. LOT. BA. REX IER. Buste drapé à droite. — ℞. Même legende. 1710, 1711, 1712, 1713. Croix de Lorraine couronnée. (Pl. XXX, n. 7.) 4 pièces.
Teston.—B. et T.B.

738. Mêmes légendes et types. 1710, 1711. 3 pièces rares. (Pl. XXX, n. 8.) Demi-teston.—B.

739. Même légende. Tête laurée à droite. Dessous : 1713. — ℞. TV DOMINE SPES MEA. Croix formée de huit L, couronnée et cantonnée de quatre alérions. Dans le cercle du centre un alérion. (Pl. XXX, n. 4.) Très rare. OR.—T.B.

740. Même légende. Tête nue à droite.—℞. IN TE DOMINE SPERAVI. 1716. Écu simple de Lorraine sur un cartouche. (Pl. XXX. n. 9.) Teston.—F.D.C.

741. Même légende et même tête.—℞. Même légende. 1716. Écu carré couronné. Au centre la croix de Jérusalem cantonnée de quatre croisettes. (Pl. XXXI, n. 1.) 4 variétés.
Teston.—B. et F.D.C.

742. Même pièce, rare, datée 1717. Teston.—F.D.C.

743. Même type, daté 1717. (Pl. XXXI, n. 2.) Demi-teston.—B.

744. Même légende, tête laurée à droite. Dessous : 1717. — ℞. TV DOMINE SPES MEA. Croix formée par quatre écussons, deux de Lorraine et deux de Bar, N au centre. Quatre alérions cantonnent cette croix. (Pl. XXXI, n. 11.) Pièce d'une grande rareté. OR.—T.B.

745. LEOPOLDVS I. D. G. LOT. BAR. REX IE. Tête laurée à droite. Dessous : 1720. — ℞. Même légende. Écu carré simple de Lorraine couronné. Pièce très rare.
OR. Double Léopold.—T.B.

746. Même pièce, datée 1719. Aussi rare. OR. Léopold.—F.D.C.

747. LEOP. I. D. G. D. LOT. BAR. REX IE. Même tête. Dessous : 1719.—℞. Le même. Superbe pièce inédite.
OR. Demi-Léopold.—F.D.C.

748. LEOPOLDVS I. D. G. D. LOT BA REX IE. Même tête à droite. — ℞. IN TE DOMINE SPERAVI. 1718. Écu carré couronné simple de Lorraine. (Pl. XXXI, n. 9.) Rare. Demi-écu.

749. Même pièce, plus belle. 1719. *Id.*—B.

750. LÉOP. I., etc. Même pièce. 1718. Très rare. (Pl. XXXI, n. 5.) Teston ou quart d'écu.—T.B.

751. Même pièce, d'un très beau style. 1718. (Pl. XXXI, n. 6.) Demi-teston ou 8e d'écu.—F.D.C.

752. Même pièce. 1719-1720. 2 pièces. *Id.* T.B.

753. Même légende et même tête, le col drapé.—℞. Même légende, 1722, écu carré couronné mi parti de Lorraine et de Bar. (Pl. XXXI, n. 11.) Teston ou quart d'écu.—T.B.

754. Même pièce. 1723. *Id.* *Id.* F.D.C.

755. LEOPOL I. D. G. D. LOT REX IER. 1726. Tête laurée du duc à droite.—℞. TV DOMINE SPES MEA. Même écu. (Pl. XXXII, n. 7.) Très rare. OR. Double Léopold.—F.D.C.

756. Même légende et même tête, au bas 1724. — ℞. Même légende. Écu carré couronné plein de Lorraine. (Pl. XXXII, n. 3.) Pièce de première rareté. OR. Double Léopold.—T.B.

757. Même pièce. 1724. (Pl. XXXII, n. 4.) Très rare. OR. Demi-Léopold.—T.B.

758. LEOP. I., etc. Même tête nue — ℞. IN TE DOMINE SPERAVI. 1724. Même écu. Rare écu du nouveaux système monétaire. Écu. — T.B.

759. Même pièce, datée 1725. (Pl. XXXII, n. 5.) Écu.—T.B.

760. Même pièce. 1724. (Pl. XXXII, n. 2.) Demi-écu.—T.B.

761. Même pièce. 1725. (Pl. XXXII, n. 6.) Quart d'écu.—T.B.

762. Même pièce. 1724. Très rare. Huitième d'écu—B.

763. Même légende et même tête. — ℞. Même légende. 1725. Croix formée de huit L couronnées : au centre, la croix de Jérusalem. Quatre alérions pour cantonnement. (Pl. XXXII, n. 8.) Petit écu.—T.B.

764. Même légende et même tête. — ℞. MON NANC CVSA. 1728. Quatre alérions couronnés formant la croix, au centre une croix de Jérusalem au milieu de rayons. (Pl. XXXIII, n. 1.) 2 pièces. Billon de Masson.

765. LEOP. I. D. G. D. LOT BAR REX IER. Croix de Lorraine couronnée sur un champ semé d'alérions. — ℞. PIECE DE LX DENIERS, 1726. Triangle formé de six L adossées, aux trois angles des alérions, au centre croix de Jérusalem. (Pl. XXXII, n. 9.) Billon.—F.D.C.

766. Même pièce avec XXX DENIERS. 1726-1727. (Pl. XXXII, n. 10.) 2 pièces, une.—F.D.C.

767. *Id.* XII DENIERS. 1726-1728. (Pl. XXXII, n. 11.) 2 pièces, une,—B. et F.D.C.

768. LEOP. I. D. G. D. LOTH. BAR. REX IER. 1728-1729. Alérion couronné.—℟. PIÈCE DE XXX DENIERS. Croix de Jérusalem cantonnée de quatre croisettes. (Pl. XXXIII, n. 2.) 3 pièces. Billon.—B. et T.B.

769. LEOP. I. D. G. D. LOT. BA. REX IER. Deux L adossés couronnés, avec trois alérions.—℟. PIÈCE DE XXX DENIERS. Croix de Jérusalem cantonnée de quatre alérions sans date. (Pl. XXXIII, n. 4.) Billon.—B.

770. Même pièce avec des L entrelacés, couronnés. (Pl. XXXIII, n. 5.) Billon.

771. PIÈCE DE XV DENIERS. (Pl. XXXIII, n. 6.)
6 pièces variées. Billon.—B. et F.D.C.

772. LEO. I. D. G. D. LOT. BA. RE. IE. Écu simple de Lorraine couronné. — ℟. MONETA CUSA NANCII. Deux L entrelacés, avec 4 croix de Lorraine. (Pl. XXXIII, n. 7.) Très rare. Denier.—T.B.

773. LEO. I. D. G. D. LOT. ET. BA. RE. IE. Écussons ronds mi-parti Lorraine et Bar, couronnés, cernés par des volutes simples. — ℟. MONETA CUSA NANCII. Alérion couronné. (Pl. XXVIII, n. 10, 11 et 12.) 21 pièces variées, plusieurs très rares. Gros ou double denier.—B., T.B. et F.D.C.

774. LEOP. I. D. G. D. LOT. BA. REX I. Tête nue à droite.—℟. LIARD DE LORRAINE en trois lignes, au dessus une croix de Jérusalem. au bas alérion. 1706, 1707, 1708 et 1715, 1726 et 1729. (Pl. XXXII, n. 3.) 6 pièces. Cuivre.—T.B.

775. Mêmes pièces. 1706, 1708, 1710, 1711, 1713, 14, 15, 1726, 27, 28. 13 pièces variées. Cuivre.

776. TRAVAUX DES MINES en trois lignes, dans le champ deux croix de Lorraine. — ℟. NOMBRES en une seule ligne. (Pl. XXXIII, n. 10.) Méreau des mines. Cuivre.—F.D.C.

Médailles du même règne.

777. RISWIC GVILLELMI III. D. G. M. BRITANN EIC. R. PALAT. Palais. Ex. MDCXCVII. Quatorze écussons forment un contour à ce dessin. Ces écussons sont ceux de France, Autriche, Angleterre, Lorraine, etc.—℟. CŒSA FIRMA BANT FÆDERA PORCA. Temple de Janus, fermé par des ambassadeurs. Cuivre. 49 mill.—B.

778. LVDOVICVS MAGNVS REX CHRISTIANISSIMVS. Tête à droite, dessous MAUGER. F.—℟. PACATA EUROPA. Femme mettant le feu à un faisceau d'armes. Ex. PAX TERRA MARIQVE PARTA, 1697. Signé R. Bronze. 40 mill.—F.D.C.

779. Même légende et même tête, sans nom d'artiste.—℟. VIRTUS ET ÆQUITAS. Un guerrier (Mars) et la justice tenant une couronne. Ex. PACATA EUROPA 1697.
Bronze. 40 mill.—F.D.C.

780. Même tête avec MAVGER F. — ℟. PATER PATRIÆ. La France reçoit la paix du roi. Ex. PAX CVM GERMAN. HISP. ANG. ET BAT. 1697. Bronze. 40 mill.—F.D.C.

781. Même tête. — ℟. HOMMAGIVM LIGIVM LEOP. LOTH. D. OB. DUCAT BARRENSEM. Le duc rendant hommage au roi. Ex. M. DC. XCIX. Bronze. 40 mill.—F.D.C.

782. LEOP. S. D. G. D. LOT. BA. REX. S. ET E. C. AURELIANENSIS. Têtes accolées du duc et de la duchesse à droite, dessous MAUGER F. — ℟. HOC ORIENTE CUNCTA REVIVISCVNT. Soleil levant. Ex. L. P. LOT. NAT. 28 JANV. M. DCC. IIII.
Bronze. 36 mill.—F.D.C.

783. LEOP. I. D. C. LOTH. ET BAR REX IER. Buste du duc drapé et couronné à droite.—℟. REGNAT PACIFICVS REGIT CONSILIVS PIETATE PRAEIT. Dans le champ, SPEM PROLE FIRMAT en trois lignes. Trois croix de Lorraine, trois alérions.
Ecaille. — 31 mill. — T.B.

784. Légende et tête du n. 982. — ℟. TE CRESCENTE SVRGAM. Vigne autour d'un arbre. Exergue du n. 782.
Bronze. 36 mill.—F.D.C.

785. Même pièce, dorée. Bronze. 36 mill.—F.D.C.

786. Même tête. — ℟. VIX NATVS JAM CORDA RAPIT. Cupidon debout de face. Même ex. Bronze. 36 mill.—F.D.C.

787. La même pièce, dorée. Bronze. 36 mill.—T.B.

788. LEOP I. D. G. LOT. BAR. D. REX. IER. P. F. ET DELITIVM. Buste du duc drapé à droite. — ℟. SECVRITAS PVBLICA. Hercule brisant un rocher et procédant à l'ouverture d'une route; au loin, derrière lui, Mercure. Ex. : MDCCV. S. V. (Saint-Urbain.) Bronze. 55 mill.—F.D.C.

789. La même, avec bélière. Bronze. 57 mill.—T.B.

790. La même en petit module, dit le petit Hercule.
Bronze. 45 mill.—F.D.C.

791. Même buste à droite. — ℟. PACI POPVLORVM VTRVMQ. LITAVIT. Autel portant les attributs ducaux, au-dessus une cigogne portant une couronne. Ex. M.DCC.VI.
Bronze. 55 mill.—F.D.C

792. Même pièce, plus mince, avec un cercle.
Bronze. 65 mill.—F.D.C.

793. LEOPOLDVS I D. G. DVX LOT. BAR. REX IER. Buste à droite. ℞. POSTICVM HVNC CHORVM ECCL. F. F. MINOR. DE OBS. A RENATO II LOT. ET BAR DVCE. REGE HIEROS ET SICIL. AN MXVI. ID. CONSTRVCT. IVNXIT. LEOPOLD. I. DVX. LOT. BAR. REX IEROSOL. AVITÆ PIETATI HÆRES ERÆ CHRI MDCCVII. DIE X AVG. En 10 lignes. Galvanoplastie prise sur un coin très rare de St. Urbain, conservé par sa famille.
Cuivre. 51 mill.

794. Écussons de Mantoue et de Lorraine, accolés et ornés, surmontés de la couronne fermée. — ℞. Chiffre composé de L et M, surmontés de la même couronne. Jeton à 8 pans, frappé probablement pour rappeler les droits de Léopold sur le duché de Mantoue (en 1708). Cuiv. 31 mill.—F.D.C.

795. Croix de Lorraine, ornée de L entrelacés et couronnés. — ℞. IETTONS DE SON ALTESSE ROYALE DE LORRAINE. (Au bas : 1708.) Signé, MAVELOT. Pièce également à 8 pans.
Cuivre. 33 mill.—F.D.C.

796. LEOP. P. R. LEOP. I. ET ELIS. CAR. AVREL. F. Tête à droite. — ℞. SI FORTE ASSEQUAR. Aiglon s'élançant vers le soleil. Ex. : NANC. PRIM. INGR. VRB. OPT. 1711.
Bronze. 26 mill.—F.D.C.

797. FRANC. STEP. PR. A LOT. LEOP. I. ET ELIS. C. AVREL. F. II. Tête jeune à gauche. — ℞. SPES ALTERA GENTIS. Deux jeunes arbres enlaçant leurs rameaux. Même exergue.
Bronze. 26 mill.—T.B.

798. ELIS. CAR. AVRELIAN. LEOP. I. CONIVX FIDELISSIMA AVGG. OPT. MATER. Buste à droite. Dessous : S. V. (St. Urbain.) ℞. ET ADHVC NOS PROTE BEABIT. AN. REGNI. 17. Ex. : NANC. VRB. OPT. 1714. La duchesse debout, avec cinq enfants. Deux pièces, une en cuivre doré du temps.
Cuivre. 35 mill.—F.D.C.

799. Même pièce. AR.—F.D.C.

800. LEOP. I. D. G. LOTH. ET BAR. D. REX HIER. P. P. OPT. PR. Buste drapé et cuirassé à droite. Au bas : I. C. RŒTTIERS FECIT.—℞. ELIZAB. CAR. AVRELIANENSIS CONIVX AVGVSTA. Buste à droite de la duchesse. Au bas : I. C. RŒTTIERS F., et au-dessous : 1718. AR. 60 mill.—T.B.

801. ELIZAB. CAROLA BORBONIA DVCISSA LOTH. ET BAR. REG. IER. 1701. Buste à droite dans une couronne de feuilles de chêne. Médaillon ovale retouché au burin. Rev. lisse.
Bronze. 101. mill.—F.D.C.

802. LEOPOLDVS I. D. G. DVX LOT. BAR. REX IEROSOL. Buste court à droite. Dessous S. V. (St. Urbain.)—℞. VIARVM PERVIVS VSVS. La duchesse dans un bige au galop à droite, au devant Mercure courant sur un pont. Ex. : M.DCCXXVI.
Bronze. 65 mill.—T.B.

803. LEOPOLDVS I. D. G. DVX LOT. BAR. REX IER. Buste drapé et cuirassé à droite, avec collier de la Toison d'or. (Du même artiste.) — ℟. PROVIDENTIA PRINCIPIS. Le duc à cheval passant sur un pont; de l'autre côté de la rive, Mercure debout. Ex. : VLE MVNITÆ. M.DCCXXVII.
Bronze. 65 mill.—F.D.C.

804. ELISAB. CAR. AVRELIANENSIS CONIVX AVGVSTA. Buste à droite. (Rœttier. 1718.) — ℟. PHILIPPVS AVRELIANENSIVM DVX REGENS. Buste à droite du régent. Dessous : LE BLANC.
Bronze. 60 mill.—F.D.C.

805. ELIZ. CAR. AVRELIAN. REGIA LOT. BAR. DVCISSA. Buste à droite. — ℟. EL. CAR. PALAT. RHENI DVX AVREL. MATER FÆLICITATIS PVBLICÆ. Buste à gauche. (St. Urbain.) Deux plaques soudées. Étain. 45 mill.

806. ELIZ. CAROLA AVRELIANENSIS DVCISSA ET REGENS LOT. BAR. Buste à droite. Dessous : S. V. (St. Urbain.) — ℟. DECORI GENTIS PRÆSTANS VIRTVTEM. La Lorraine rendant hommage à la duchesse assise. Ex. : M.DCCXXIX.
AR. 60 mill.—F.D.C.

807. Même pièce. Bronze. 57 mill.—F.D.C.

808. ELIS. CAR. AVREL. LEOP. I. LOT. BAR. D. AVG.^{A} SVPR. PRINC. COMMARC. Buste à droite. Dessous : S. VRB. — ℟. GLORIA COMMARCII. Écussons de Lorraine et d'Orléans, accostés, couronnés. Ex. : ACCEPTO. A PRINCIPAT. COMMARC. FIDEI. SACR. 1737. AR. 29 mill.—T.B.

809. Variété. Au droit, on lit : COMMARCII. AR. 29 mill.

François III (1729 à 1737).

810. FRANC III. D. G. DVX LOT. BAR REX IER. Au bas, 1736. Buste drapé et couronné à droite. — ℟. TV DOMINE SPES MEA. Écusson rond simple couronné, supporté par deux aigles couronnés; derrière sceptre et main de justice en sautoir. (Pl. XXXIV, n. 5.) Superbe et très rare pièce.
OR. — F.D.C.

811. FRANCISCVS III. D. G. DVX LOTH. BARR. Même buste à droite. — ℟. REX HIEROSOL. 1736. Écu parti de Lorraine et de Bar, couronné et supporté par deux aigles. (Pl. XXXIV, n. 6.) Pièce aussi rare. OR.—T.B.

812. Même légende. BAR à la fin. Buste drapé à droite. — ℟. Même légende et même écu, mais plus orné, les deux aigles portent au cou une couronne et un collier avec la croix de Lorraine. (Pl. XXXIV, n. 7.) Rarissime pièce.
OR. — F.D.C.

813. FRANCISCVS III. D. G. DVX LOTH. BAR. Buste drapé et cuirassé à droite. — ℟. REX HIEROSOL. 1736. Écu plein de Lorraine soutenu par les mêmes aigles. (Pl. XXXIV, n. 10.) Très rare et admirable pièce. Petit écu.—F.D.C.

814. FRANC III. D. G. DVX LOTH. BAR REX IER. Même buste. — ℟. IN TE DOMINE SPERAVI. 1736. — Écu carré parti de Lorraine et de Bar, couronné, accosté de 2 croix de Lorraine. (Pl. XXXIV, n. 8.) Rare et superbe pièce.
Petit écu.—F.D.C.

815. Même pièce. (Pl. XXXIV, n. 9.) Quart d'écu.—T.B.

816. FRANCISCVS III. D. G. D. LOT. B. REX. IER. 1729. Alérion.— ℟. PIÈCE DE XXX DENIERS. Croix de Jérusalem cantonnée de quatre croisettes. (Pl. XXXIV, n. 4.) 2 pièces.
Douzain. — T.B.

Médailles du même règne.

817. FRANCISCVS III. LOTHARINGIÆ THERES AVSTRIAC. Bustes accolés du duc et de la duchesse à gauche. Dessous : M. D. — ℟. VOTORVM TANDEM COMPOTES. La Religion debout à gauche, couronnant deux cœurs sur un autel. Ex. : CELEB. NVPT. DIE. XII. FEBR. MDCCXXXVI.
2 pièces. Argent. 27 mill. — F.D.C.

817 *bis*. Même pièce. OR.—F.D.C.

818. LVDOVICVS XV. REX CHRISTIANISSIMVS. Buste très jeune drapé et lauré à droite. Dessous : L DVVIVIER F.—℟. HOMMAG. LIGIVM FRANC. STEPHANI. LOTHARING. DVCIS. OB DUCAT. BARRENSEM. Le duc rendant hommage au roi. Ex. : I. FEBRVARII MDCCXXV. (Médaille du temps.)
Bronze. 42 mill.—F.D.C.

819. Même pièce avec LVDOVICVS XV. REX CHRISTIANISS. Buste du duc habillé à droite. — ℟. Le même.
Bronze. 42 mill.—F.D.C.

820. FRANCISCVS III. D. G. DVX LOT. BAR REX IER. Buste habillé du duc à droite. — ℟. ALTER ET IDEM. Paysage, à gauche un rocher avec un nid d'où s'élance un aigle couronné vers le soleil. Ex. : VIXIT LEOPOLDVS : FRANCISCVS REGNAT. XXVII MARTII MDCCXXIX. Bronze. 63 mill.—F.D.C.

821. VNVS SANGVIS ET VIRTVS IVNGIT IN VNVM. Écussons d'Autriche et de Lorraine, soutenus par deux aigles et surmontés d'une couronne non fermée. Ex. : MARIÆ THERES. ARCHID. AVST. ET FRANCIS. LOT. DVCIS NVPTIIS SACRVM.—℟. MARIA HISP. INFANS. FERDINANDVS III. ROM. IMP. ELEONORA

MANTVÆ DVX. Trois bustes dans trois médaillons cernés de lauriers Ex. : NVMINIBVS TANTIS MAXIMA PROVENIENT. Argent. 44 mill.—F.D.C.

822. THERESIA ET FRANCISCVS. Bustes du duc et de la duchesse accolés à gauche. Ex. : SPONSI; dessous P. WERNER. — ℞. CONNVBIVM ILLVSTRAT FATVM. Deux cœurs enflammés sur un autel accosté des écussons d'Autriche et de Lorraine. Ex. A. CH. MDCCXXXVIII. Étain. 45 mill.—T.B.

823. Même légende et mêmes têtes. — ℞. SPES NOVA GERMANIÆ. Le duc et la duchesse debout, se donnant la main. A droite l'Allemagne appuyée sur un bouclier sur lequel GER-MANIA ; dans le champ un aigle, à gauche un génie porte un médaillon sur lequel F. F. Ex. : A MDCCXXXVI D XII FEBR. Étain. 45 mill.—T.B.

824. FRANCISCVS III D. G. DVX LOT. BAR. REX HIEROSOL. Buste drapé à droite, dessous M. DONNER. — ℞. MARIA THER. AUSTRIACA. REGIA LOT. BAR. DVCISSA. Buste à gauche, dessous M. D. Bronze. 45 mill.—F.D.C.

PIÈCES FRAPPÉES APRÈS L'ABANDON DE LA LORRAINE PAR FRANÇOIS III.

François, grand duc de Toscane (1737-1740).

825. FRANCISCVS III D. G. D. LOT. BAR. ET. M. ETR. D. REX HIER. Tête laurée à droite. — ℞. INTE DOMINE SPERAVI PISIS 1738. Écu plein de Lorraine et Etrurie sur le tout. AR. — Sixième d'écu.

826. Même légende et même tête.—℞. Même légende, PISIS 1739. Écu parti Lorraine et Toscane. AR.—Douzième d'écu.

827. FRANC III D. G. LOTH BAR. ET M. ETR. D. REX HIER. Buste lauré et drapé à droite. — ℞. INTE DOMINE SPERAVI. PISIS 1739. Ecu plein de Lorraine avec Lorraine et Toscane sur le tout. Petit écu.

828 Même pièce, datée 1740. Petit écu.—F.D.C.

829. FRENC. III D. G. D. LOTH. M. D. ETR. Grand lys.—℞. S JOANNES BAPTISTA. Saint Jean assis. Pièce de trois florins. OR.—T.B.

830. Florin aux mêmes types. OR.—B.

Médailles de la même série.

831. FRANC. STEPH. D. G. DVX ETRVR. Buste à droite (Vestner). — ℞. MARIA THERESIA HVNG. BOH. REG. ARCHID. AVST.

Buste de la duchesse à droite, signé d'un v. (Mme Vautrain, fille de St. Urbain (?). AR. 46 mill.—F.D.C.

832. FRANCISCVS LOTHARING. THERESIA AVSTRIACA. Bustes accolés à droite. Au bas : ETR. M. DVCIS. — ℟. SPES PVBLICA. Le duc à cheval entrant dans ses États sous un arc de triomphe. Ex. : ADVEN. OPT. PRINC. MDCCXXXIX. Bronze. 40 mill.—F.D.C.

833. FRANCISCVS III D. G. LOTH. BAR ET M. ETR. D. REX HIER. Buste du duc à droite lauré, drapé et cuirassé. — ℟. ADVENT OPT. PRINC. MDCCXXXIX. Même duc à cheval. Étain. 88 mill.

François empereur (Pièces frappées en Toscane).

834. FRANC. III. D. G. LOTH. BAR. ET M. ETR. D. REX HIER. Tête nue à droite.—℟. IN TE DOMINE SPERAVI. 1741. Écu plein de Lorraine. Lorraine et Toscane sur le tout. OR. Florin.

835. FRANCISCVS D. G. R. I. S. A. G. REX. IER. LOTH. BAR. M. D. ETR. Buste lauré et drapé à droite. — ℟. IN TE DOMINE SPERAVI. *Pisis*, 1745, 1746. Écu mi-parti Lorraine et Toscane, sur l'aigle d'Autriche. 2 pièces. Petit écu.—T.B.

836. FRANCISCVS D. G. R. I. S. A. G. H. REX LOTH. BAR. M. D. ETR. Même buste à droite — ℟. IN TE DOMINE SPERAVI. 1747, 1748. Pisis. Écu plein de Lorraine avec Lorraine et Toscane sur le tout, l'écu soutenu par l'aigle d'Autriche. 2 pièces. Grand écu.

837. Même pièce, datée 1765. Grand écu.—T.B.

838. QVATTRINI TRE. 1741. Écu parti Lorraine et Toscane.—℟. Croix de Lorraine cernée d'oliviers. Billon.

839. FRANC. D. G. R. I. S. A. M. D. ETR. Tête à droite.—℟. QVATTR. DIECI. 1764. Même écu. Billon.

840. FRANCISCVS D. G. R. I. S. A. REX GER. HIER. LOTH. BAR. M. D. ETR. Buste lauré à droite.—℟. AVSPICIIS CÆSARIS. NRI. PII FEL. AVGVSTI, BONO ETRVR. NOTI. BREPHOTROPHIVM LIBVRNI A FVNDAM. ERECTVM AN. MDCCLV. En 8 lignes. Médaille. Bronze. 45 mill.—F.D.C.

Monnaies allemandes.

841. FRANC. D. G. R. I. S. A. GER. IER. R. LO. B. M. H. D. Buste lauré et drapé à droite.—℟. IN TE DOMINE SPERAVI. 1751. Aigle d'Autriche couronné et couvert de l'écu plein de Lorraine, Toscane couronné, entouré du cordon de Malte.

Le tout environné du collier de la Toison d'or. Superbe pièce d'essai. Grand écu.—F.D.C.

842 Même légende et même buste. — ℟. 10 EINE FEINE MARCK. 1762. Écu plein de Lorraine et Toscane, sur l'aigle d'Autriche. Ex. : LEGE VINDICE SS. I. M. F. Grand écu.—T.B.

843. Même légende et même buste. — ℟. IN TE DOMINE SPERAVI. 1763. Même écu. Grand écu.

844. Mêmes types et légendes au droit. — ℟. IN TE DOMINE SPERAVI. 1748. Ecu parti Lorraine e Toscane, sur l'aigle d'Autriche. Au bas : XV. Billon.—B.

845. Mêmes types et légendes. 1762. Au bas : XVII. Billon.

846. *id.* 1747. Demi de la précédente. 1747. Au bas : VI. Quart et huitième (?). *id.* Sous l'écu : 1 et 3. 1755 et 1765. 4 pièces. Billon.

847. FRANC. D. G. R. I. S. A. G. E. IER. REX. Buste lauré à droite. —℟. EIN KREVTZER. 1760. Dans un contour orné. 1/2 des mêmes et autres kreutzers variés. 6 pièces. Cuivre.—T.B.

848. FRANCIS. D. GRATIA. ROMAN. IMPERAT. S. A. Écu du n. 841. —℟. GERM. IERO. REX. LOTH. BAR. MAG. HET. DVX. 1763. Croix de St. André, avec trois couronnes. Grand écu.

849. FRANCISCVS. D. G. ROM. IMP. SEMP. AVG. Buste lauré, drapé à droite. — ℟. MONETA NOVA REIPVBLICÆ HALÆ SVEVICÆ. Trois écussons avec palmes, etc. Au bas : 1746. Superbe pièce. OR. Florin.—F.D.C.

850. Mêmes types et légendes. 1746. Grand écu.—T.B.

851. *id.* Demi-écu. 1746. Demi-écu.—F.D.C.

852. Même légende et même buste. — ℟. MONETA REIP. RATISP. Deux clefs sur un écusson orné. Ex. : X. ST. EINE F. C. M. 1759. Grand écu.—T.B.

853. Même légende et même buste. — ℟. TALI SVB CVSTODIA. Aigle planant au-dessus de la ville de Ratisbonne. Au bas, deux clefs sur l'écu. Sans date. Grand écu.—F.D.C.

854. Même légende et même buste. — ℟. MON REIP. RATISPON. Jéhovah lumineux au dessus de la même ville. Superbe pièce. Demi-écu.—F.D.C.

855. Même légende et même buste. — ℟. Même légende et même ville, mais sans le Jéhova. Ex. : X ST. EINE F. C. M. 1754. Grand écu.—F.D.C.

856. Même type avec 10 ST. EINE F. C. M. 1754. Demi-écu.—B.

857. Mêmes types avec 10 ST. EINE F. C. M. 1754. Quart d'écu.—B.

858. Même légende, etc. Buste à droite. Au bas : 1745.—℟. AVGVSTA VINDELIC. La ville d'Augsbourg assise, tenant une pomme de pin. La gauche sur un sceptre. Grand écu.—B.

859. Mêmes légende et buste. Sans la date.—℟. AVGVSTA VINDELICOR. AD NORM. CONVENTIO. Aigle d'Autriche sur lequel l'écu à la pomme de pin. 1764. A. Grand écu.—T.B.

860. Même légende et même buste.—℟. AVGVSTA VINDELICOR. AD NORM. CONVENT. 1765. Écu à la pomme de pin, orné et surmonté d'une couronne murale. Au bas : X. EINE FEINE MARCK. Grand écu.—B.

861. Écu à la pomme de pin, sans couronne. — ℟. 1760. Aux côtés d'une croix de St. André : Kreutzer ou Demi-Kreutzer, à 6 pans. Cuivre.

862. FRANCISCVS D. G. ROM. IMP. SEMP. AVG. Écu simple de Lorraine-Toscane sur l'aigle d'Autriche. — ℟. BENEDICTVS DOMINVS QUI DEDIT PACEM IN FINIBVS NOSTRIS. Femme avec couronne murale sacrifiant sur un autel, contre lequel l'écu de Nuremberg. Ex. : X ST. E. F. MARCK. 1763. Grand écu.

863. Même légende. Buste lauré et habillé à droite. Au bas : 1745. — ℟. TVTA HIS AVSPICIIS. La ville de Nuremberg. Au-dessus, un triangle lumineux. Ex. : NORIMBERGA. Grand écu.—T.B.

864. Même pièce avec X EINE FEINE MARK, sans le triangle lumineux. 1754. Grand écu.—T.B.

865. Même légende. Écu simple de Lorraine-Toscane sur l'aigle d'Autriche.—℟. MONETA NOVA REIPVBLIC. NORIMBERGENSIS. Écu de Nuremberg sur une base portant le chiffre 20. Au bas, 1765. 5e d'écu (?).—B.

866. FRANCISCVS I. ROM. IMP. SEMP. A. L'empereur debout, dans le champ. 1753. — ℟. DVCATVS NOVVS REG. SED. VRBIS AQVIS. GR. En cinq lignes dans un carré orné. Superbe pièce. OR. Florin.—F.D.C.

867. Même légende. Dans le champ : II ET III. MARCK, etc. 3 pièces. Billon.

Médailles Allemandes.

868. FRANC. D. G. D. LOTH. M. D. HETR. MAR. THERES. D. G. R. HVNG. BOH. AD. AVST. Deux têtes en regard. Entre elles, au bas, une tête d'enfant. Dessous, JOSEPHVS. D. XIII. MARTII.

MDCCXLI. — ℟. FELIX TEMPORVM REPARATIO. Étendard avec le monogramme du Christ au milieu du champ.
Bronze. 13 mill.—F.D.C.

869. FRANC. D. G. R. I. S. A. GE. HIER. R. LO. B. M. H. D. Buste lauré et drapé à droite. — ℟. M. T. D. G. R. IMP. G. H. B. REG. A. A. D. BVRG. Buste de Marie Thérèse à droite, au bas 1751. Grand écu.—F.D.C.

870. FRANCISCVS I. D. G. ROM. IMP. SEMP. AVG. Buste lauré et habillé à droite. Dessous, VESTNER. — ℟. IMPERIOSA JAM REDIT QUIES. Aigle d'Autriche portant l'écusson sur le globe. Ex. : ELECT. D. XIII. SEPT. MDCCXXXXV.
Argent. 45 mill. — F.D.C.

871. Même pièce. Bronze. 45 mill. — F.D.C.

872. Mêmes légende et buste. — ℟. HOC VNVM DEFVIT. Temple, au devant un génie ailé couronne l'écu de Lorraine. Ex.: FELICITER ELECTVS D. 13 SEPT. 1745.
Etain. 43 mill.—T.B.

873. FRANCISCVS PRIMVS ROM. IM. L'Empereur le pied sur l'écu de France couronné par Minerve. Ex.: FRANCF. IV. OCTO. MDCCXLV. — ℟. SEMPER TRIVMPHANS. Aigle d'Autriche. Travail barbare. Cuivre. 41. mill. — T.B.

874. FRANCISCVS. I. D. G. ROM. IMP. SEMP. AVG. Buste lauré et habillé à droite. Dessous, VESTNER. — ℟. PROVIDENTIA NVMINIS GERMANIÆ FAVENTIS, et sur une banderole tenue par un bras sortant des nuages, DELIGIT QVEM DILIGIT. L'Empereur assis, devant lui une table ou un autel portant les attributs de l'Empire. Ex. : CORONAT. FRANCFORT. D. IV. OCT. 1745. Magnifique médaille.
Argent. 44 mill. — F.D.C.

875. Mêmes légendes et même buste. Dessous, I. I. Œ. — ℟. DVCVM MAXIMVS. Table portant les attributs de l'Empire. Ex. : FELICIT ELECT. D. 13. 7 SEPT. 1745.
Argent. 21 mill.—F.D.C.

876. FRANCISCVS. HIER. REX. LOTH. BAR. ET M. HETR. DVX ELECTVS IN REGEM. ROMAN. CORONATVS. FRANC. 4 OCTOB. 1745. Dans le champ en 8 lignes. — ℟. DEO ET IMPERATORI. Autel portant les attributs de l'Empire, au dessus : Jehovah lumineux. 3 var. AR. et bronze. 21 et 25 mill.— F.D.C.

876 *bis*. FRANCISCVS I. D. G. ROM IMP. SAC GERM. HIER. REX LOTH. BAR. ET M. HETR. DVX. Buste lauré et drapé à droite. Dessous : M. DONNER. — ℟. DEO ET IMPERIO. Le type précédent. Etain. 48 mill.—T.B.

877. FRANCISCVS D. G. ROM. IMP. S. A. GERM. HIER. REX. LOTH. BAR. ET M. HET. DVX. Buste habillé à droite. — ℟. MAR.

THERESIA D. G. ROM. IMP. HVNG. ET BOH. RE. A. A. Buste de Marie-Thérèse, à droite. Étain. 47 mill.—T.B.

878. FRANCISCVS D. G. ROM. IMPERAT. S. A. Tête à droite. Au bas, 1745. — ℟. MAR. THERESIA D. G. REGINA HVNGARI BOH. Tête à gauche. Étain. 28 mill.—B.

879. FRANCISCVS ROM. C. KAYSER. L'empereur armé debout. — ℟. MARIA THERESIA ROME KAYSERIN. L'impératrice assise à droite, appuyée sur la tête de son fils. Travail barbare. Cuivre. 40 mill.—B.

880. Même type de l'empereur debout. ℟. IOSEPHVS ARCHIDVX AVSTRIA, ETC. Le jeune prince debout. Travail barbare. Cuivre. 40 mill.—T.B.

881. Même type au droit. — ℟. FELICITAS IMPERII. Aigle d'Autriche. Même travail. Cuivre. 40 mill.—T.B.

882. FRANCISCVS I. D. G. ROM. IMP. SEMP. AVG. Buste lauré à droite. Au bas : C. D. ŒXL. — ℟. SPLENDORE COMITIORVM REDDITO. Intérieur d'une salle. Au bas : RATISPONÆ D. 29 NOV 1745. Écu aux deux clefs. Étain. 42 mill.—T.B.

883. FRANCISCVS D. G. IMP. ROM. SEMP. AVG. Buste lauré à droite. Signé, A. R. WERNER. — ℟. MAGNVS DVX CÆSAR. CIRCVLORVM X. LÆTARE VIENÆ. Trois écussons : Autriche, Lorraine, Toscane, sous la couronne de Hongrie, supportée par deux renommées. Les grandes lettres donnent 1745. Étain. 47 mill. — T.B.

884. FRANCISCVS IMPERATOR PRO DEO ET PATRIA. OCT. 4. 1745. Buste lauré à gauche. — ℟. FILIA QVÆ FVERAS, FIES NVNC CÆSARIS VXOR, et en légende intérieure : CÆSARIS AVGVSTI TV QVOQVE MATER ERIS. Buste à gauche. Travail très barbare. Cuivre. 34 mill.—F.D.C.

885. FRANCISCO. I. CORREGENTI. IMP. 1745. Buste à droite. — ℟. COMITATVS NAMVRGENSIS DEVOVEBANT ORDINES. Écu de Namur. Cuivre. 31 mill.

886. FRANC. IMP. ROM. AVG. ET MARIA. THER. AVGVSTA. Leurs bustes à droite, posés sur un autel, avec FELIX RENOVATIO FAMIL. AVGVSTÆ. LOTH. AVST. M.DCCXLV. — ℟. MONVMENTVM PIETATIS ET VENERAT. DEVOTISSIME NORIMBERG. Arc de triomphe. Au bas : INTER VOTA MVLTIPLIC PRO SALVTE ET FORTVNA IMP. OPT. MAX DEDICATVM 1745. Étain. 43 mill. — F.D.C.

887. FRANC. D. G. R. I. S. A. GER. IER. REX. Buste à droite. — ℟. M. THERES. D. G. R. IMP. GE. HV. BO. REG. Buste à droite. AR. 21 mill.—F.D.C.

888. FRANC. IMP. AVG. M. THERES. HVNG. REX. Bustes couronnés en regard.—℞. ADVENTVS AVGVSTI. L'empereur à cheval reçu par les directeurs des mines de Hongrie. Ex. : IN FOD. HVNG. INFER. MDCCLI. AR. 29 mill.—F.D.C.

889. Même légende. Têtes couronnées en regard. Légendes et ex. du préc. en 6 lig. dans le champ. AR. 28 mill.—F.D.C.

890. FRANCISCVS I. D. G. ROM. IMP. S. MAG. DVX HET. D. RI. Buste lauré et habillé à droite. — ℞. ADVENTVI AVG. SECVND. Temple, au milieu un mineur. Ex. : IN FODINAS HVNG. MDCCLXIV.M.IVI. Très belle pièce. Bronze. 40 mill.—F.D.C.

890 *bis*. FRANCISCVS I. D. G. ROM. IMP. SEMP. AVG. Même buste. Dessous : A. R. WERNER.—℞. FIDES PRÆCORDIA MONSTRAT. Exergue : MORIS FIA A. D. D. IX FEBR. 1746. Trois figures religieuses. Étain. 45 mill.—F.D.C.

891. Légende et buste du n. 888.—℞. FORTVNÆ REDVCI. Mercure, recevant du métal de la Hongrie, assise. Ex. : ADV. AVG. IN FOD. H. I. MDCCLI. Cuivre. 25 mill.—T.B.

892. CAROLVS V ET FRANCISCVS IMPERATORES AVGVSTI. Bustes laurés, drapés et cuirassés en regard. — ℞. ILLO DANTE HOC FIRMANTE. Deux mains sur un autel. Ex. STABILIS ERIT. Les lettres longues donnent la date de 1755
Argent. 53 mill.—F.D.C.

893. FRANCISCVS I. ET THERESIA AVGG. Bustes accolés à droite. Dessous : A. MOLL. F.—℞. FRANGIT DEVS OMNE SVPERVM. Minerve assise montrant un obélisque brisé par la foudre. Ex. : RESTAVRATA FELICITATE PVBLICA. MDCCLVII. XVIII IVN. Signé : Moll. Bronze. 50 mill.—F.D.C.

894. Même légende et mêmes bustes. Dessous : A. NIDEMANN. — ℞. BORVSSIS DEVICTIS. La Victoire sur un trophée d'armes. Ex. : MDCCLVII. IVN. D. XVIII. Bronze. 45 mill.—F.D.C.

895. Même légende et mêmes bustes. — ℞. PRAGA OBSIDIONE LIBERATA. La ville de Prague présentant une couronne au fleuve couché MVLDAVA. Ex. : XX. IVN MDCCLVII.
Bronze. 45 mill.—F.D.C.

896. Même légende et mêmes bustes. Dessous : P. KEISERSWERTH. F. — ℞. Aigle sur un arbre sous lequel repose la Paix appuyée sur un bouclier. Ex. : SECVRITAS DACIÆ MDCCLXII. ET I. D. F. Bronze. 60 mill.—T.B.

897. FRANCISCVS D. G. ROM IMP. S. A. ROM. REX LOTH. BAR. ET M. HET. DVX. Buste habillé et lauré à droite. — ℞. ÆTERNITATI AVG. PRINCIPI OPTIMI. PATRIS PAT. Obélisque, à droite la Religion, à gauche l'Autriche pleurant. Ex. :

NAT. VIII. DEC. MDCCVIII. OBIIT ŒNIPONTI XVIII. AVG. MDCCLXV. Argent. 45 mill.—F.D.C.

898. MAR. THERES. D. G. REG. HVNG. BOH. Buste précédent à droite.—℟. PRAGA LIBERATA. La ville debout tenant de la droite une branche d'olivier, de la gauche l'écu de Prague. Ex. : MDCCXLIII. D. 2 IAN. AR. 32 mill.—F.D.C.

899. MAR. THERES. D. G. R. IM. G. HVN. BOH. Buste à droite. — ℟. ARCH. AVT. DVX. BVRG. BRAB- C. FL. Écusson couronné. Au bas : 1751. AR.

Stanislas (1738-1766).

900. STANISLAVS. I. REX. POL. MAG. DVX LOTH. Buste drapé et cuirassé à droite.—℟. ACCEPTO A LOTHARINGIS ET BARIENSIBVS. FIDELITATIS SACRAMENTO MDCCXXXVII en six lignes. Argent. 32 mill.—F.D.C.

901. Plaque en repoussé argenté de la tête. Cuivre. – F.D.C.

902. LVD. XV. REX CHISTIANISS. Buste habillé à droite. Dessous: DVVIVIER.—℟ PACIS NVNCIVS. Mercure descendant vers la terre. Ex. : PRÆVIIS CONDITIONIBVS VINDOBONÆ SANCTIS. M.DCCXXXV. Bronze. 22 mill.—F.D.C.

903. Même légende et même buste.—℟. PAX INITA CVM GERMANIS. La France casquée, adossée à un palmier, posant de la droite un flambeau sur un trophée d'armes, présentant l'olivier de la gauche. Ex. : M.DCCXXXVIII. Bronze. 42 mill.—F.D.C.

904. Même légende et même buste. — ℟. MINERVA PACIFERA. La Lorraine conduite par Minerve présente l'écusson de Lorraine et Bar au roi assis sur un trône. Ex. : LOTHARING. ET BAR. REGNO ADD. MDCCXXXVII. AR. 42 mill.—F.D.C.

905. Même pièce en bronze. Bronze. 42 mill.—F.D.C.

906 Cliché d'étain du temps de la même pièce ; mais la tête de Louis XV au lieu du buste. Étain. 42 mill.—F.D.C.

906 *bis*. STANISLAVS I. D. G. REX POL. MA DVX LIT. LOT. BAR. Buste à droite. — ℟. SEMPER SIC NVMERO SPARGIT. Femme tenant de la droite une corne d'abondance, à la gauche un ibis. Ex. : MDCCLXV. Pièce coulée. Bronze, 57 mill.—T.B.

907. IETON DV CABINET DV ROI DE POLOGNE. Écusson de Pologne, 17-48. — ℟. Château. Ex. CHANTEHEVX. AR. 30 mill.—T.B.

908. Même pièce en cuivre, une reproduction moderne. F.D.C.

909. STAN. ROY. DE POL. GR. D. D. LITH. D. DE LOR. ET DE BAR. Buste à droite dessous I. C. R. — ℟. SOC. ROYAL. DES SCI ET BEL. LET. DE NANCY 1753. Écu mi-parti de Lorraine et Bar. Argent. 38 mill.—F.D.C.

910. STANISLAVS I. DEI G. REX POL. MAG. DVX LIT. LOT. ET BAR. Tête à gauche, au-dessous A. M. S. V. — ℟. VTRIVSQVE IMMORTALITATI. Statue de Louis XV. — ℟. CIVITAS NANCEI ANA 1755. Bronze. 50 mill.—F.D.C.

911. Même légende et même tête. — ℟. AD. PIETAT. AVGM. ET. INOP. SVBSIDIVM. Un grand palais : à l'exergue : MISS. FVND. AN. MDCCXXXIX. Autre belle médaille de St. Urbain. Bronze. 53 mill.—F.D.C.

912. MVNIFICENTIA STANISL. REG. POL DVCIS LOT, etc. Type de l'Annonciation. — ℟. lisse. Plomb. 25 mill

913. STANISLAVS I. LESZCZYNIVS. Buste à gauche. — ℟. REX A. D. 1705. — SVCTICO TVMVLTV. DATVS. FORT. RED. — AVG. II. CESSIT HOC. SVB — LATO VNA VOCE A. D. 1733 — ELECTVS VICEDENS, EX · VINDOB. FOED. 1736 — LOTHARINGIA POTITVS PHILOSOPHVS EVERGETES — PATRIÆ SEMPER MEMOR — FORTVITIS FLÆMMIVS AMBVSTVS — OB. LVNEVIL — A. D. 1766 — D. 23. FEBR. ÆT. 89. Fonte de bronze, sous le buste on lit I. I. REICHEL. F. Bronze. 42 mill. — T.B.

914. STANILAVS I. D. G. REX POL. M. D. LITH. D. LOTH. B. Tête à gauche, signée DERLANGE. — ℟. POLON. BIS. RE ABDIC. LOTHAR DATVS BENEFICENTISSIVS (un signe au-dessus pour l'M manquant). ANNO 1737, LVNÆVILLÆ OBIIT 23 FE. 1766. A. 88 NATVS en huit lignes. Pièce faite avec deux clichés Étain. 28 mill.

914 *bis*. STANISLAVS I. D. G. REX POL. MAG. DVX LITHVAN. LOTH. ET BARRI. Buste habillé du roi à droite. Sous le bras : F. LALLEMAND.—℟. Sans type. Bronze. 180 mill.—T.B.

914 *ter*. Même pièce. 168 mill. —T.B.

VII. MONNAIES DES TROIS ÉVÊCHÉS.

Metz.—Évêques.

Ici encore nous citerons toujours les planches de l'ouvrage de M. F. DE SAULCY, sur les évêques de Metz, Ire partie, et Supplément. 1 vol. in-8° et 9 planches.

915. AD... Temple. — ℟. IM. Croix cantonnée des lettres OTTO. (Suppl., fig. 1.) 2 pièces var. Grand denier - B.

916. Mêmes types. Petit denier.—B.

Théoderic Ier.

917. SCA. METTIS DEODERIC EPS. Temple avec une croix au fronton. — ℟. IMPRT AVG. Dans le champ, une croix avec O. T. T. O. (Supp., n. 4.) Grand denier.—T. B.

918. Même pièce, moins belle et moins complète. 3 var. Denier.

919. Mêmes types et légendes IMPRT. Pas de croix au fronton. (Supp., fig. 5.) Denier.

920. SCA MET. Temple. — ℟. IMPRT A. Croix précédente. (Supp., n. 11). Variété inédite. Obole.

921. D E.... Temple.—℟. S T. A. S. (Les lettres renversées.) Tête à gauche, tenant une crosse. Cette pièce, pour la tête, a de l'analogie avec le n. 2 de Saulcy. Grand denier—T.B.

922. DEODERICVS EPS. Croix cantonnée de quatre points. — ℟. METTIS en deux lignes. Denier.—T.B.

923. DEODERICVS. Croix et trois points. — ℟. MEDIOMATRICVM. Temple pentastyle. 2 pièces var., très rare. Denier.—B.

924. Même légende et type seulement deux points dans la croix. — ℟. MARSAL en deux lignes. Denier—B.

925. Même légende et croix 2 points. — ℟. SPINA également en deux lignes, pièce très rare, mais un peu fracturée. Denier.—B.

926. DEODERICVS. Croix cantonnée de 2 points. — ℟. ...NAI. Temple pentastyle (Supp., n. 18. Variété.) 2 pièces. Petit denier.—T.B.

927. SPINA. Château crénelé.—℟.ESPI. Croix cantonnée de deux croissants et de deux besants. (Sup., fig. 15, var.) Denier.

928. SPINAL. Château crénelé. — ℟. S. GEVRIS. Croix cantonnée de deux besants et de deux croissants. 4 pièces, une seule lisible. Petit denier.

929. EPINAL. Même château. - ℟. S. GEVIS. Croix avec deux besants. 2 pièces. Petit denier, une.—T.B.

Adalbéron II (984 à 1004).

930. S. STEPHANVS, le saint à genoux.—℟. ADELBERO EPS. Croix cantonnée de METIS. (N. 4 et Sup, n. 19). 3 pièces variées. Grand denier.—B.

931. Légende effacée. Même saint à genoux. — ℟. METTIS. Croix cantonnée de 2 points. (Fig. 6 var.) Denier.

932. SC STEPHANVS. Même saint.—℟. ADELBERO EPS. Croix cantonnée de S-PI-N-AL. (Fig. 5 et Sup. 18.) 2 pièces variées. Grand denier.—B.

933. Même pièce variée d'un module plus petit. 2 pièces. Denier.

934. Autre variété. La main du saint ne coupe pas la légende. 2 pièces. Denier.—B.

935. Mêmes types. Pièce très rare. Obole.

Adalbéron III (1046 à 1092).

936. S. STEPHANVS. Buste du saint à droite. — ℟. ADALBERO EPS. Croix recroisettée, cantonnée de quatre étoiles. (Sup. n. 36.) Denier.—T.B.

937. Même pièce sans les étoiles. (Sup. n. 36.) *id.* —B.

938. Même pièce avec étoiles, mais une simple croix. *id.* —B.

939. S. STEPHANVS. Buste à droite.—℟. SOCHEIS. Croix cantonnée de quatre étoiles. Denier.—T.B.

940. Même légende et même buste.—℟. RIMVLIGIS. Même croix. Denier.—B.

941. Même pièce. STEPVNAN et la croix sans étoile. Denier —T.B.

942. S STEPHANVS. Même buste.—℟. RVMELINGIS dans le champ. METTIS dans une croix formée d'un double grènetis. (Sup. n 43.) Denier.—B.

943. Mêmes légende et buste.—℟. RVMELINCIS. Croix recroisettée, cantonnée de quatre points. (Sup., n. 44.) Denier. —T.B.

Hériman (1090 à 1093).

944. S STEPHANVS. Buste à droite. — ℟. HERIMAN EPS. Croix. (Sup., n. 63.) 3 pièces variées. Denier.—T.B.

945. Même pièce. Le buste du saint à droite. (Sup., n. 64.) Denier.—F.D.C.

946. S STEPHANVS. Le saint agenouillé à droite.— ℟. HERIMANVS EPS. Croix cantonnée de MARSAL. Denier. — B.

Poppon (1093 à 1103).

947. STEPHAN rétrograde. Le saint à genoux. — ℟. HENRICVS en

légende barbare, traversée par une bande, sur laquelle on lit : POPPO (Sup., n. 75.) Denier.—T.B

948. Même pièce. La légende non rétrograde. *id.* —T.B.

Adalbéron IV (?).

949. ADELBER. Tête à gauche.—℟. METTI.. Temple. *id.* —T.B.

Étienne de Bar (?) (1124 à 1163).

950. STEPHANVS. Buste diadémé à gauche. — ℟. METTIS formant une croix cant. d'étoiles. (Supp., n. 95.) Denier.—F.D.C.

951. Même pièce variée. Le métal moins pur. *id.* —B.

952. S STEPHAN. Buste diadémé à droite. — ℟. STEPHANVS EPS. Croix cantonnée de quatre étoiles. (Supp., n. 81.) 2 pièces variées. Denier.—T.B.

953. STEPHAN. Même buste. — ℟. METENS. Croix. Six pièces. 3 var. (Sup., 83 var.) Denier.—T.B.

954. Même buste. — ℟. Légende très barbare. SPINAL. 2 pièces. Denier.

955. STEPHAN. Buste diadémé à mi-corps, à droite, tenant une longue palme. — ℟. METENSIS. Main tenant une crosse. (Sup., n. 90.) 2 pièces. Denier.—T.B.

956. STEPHANE. Même buste. — ℟. MARSAL. Main tenant la crosse. (N° 86 var.) Pièce très rare. Denier.—T.B.

957. STEPHANS. Buste à gauche tenant la crosse. — ℟. S. C. S. TRVDO. I. Église vue de côté. Superbe pièce très rare, malheureusement les lettres D O ou N O ou N S sont aplaties et peu lisibles. Denier.—F.D.C.

958. STEPHANVS. Buste de Saint-Étienne de face, les mains élevées. ℟. STEPHANVS EPS. Croix posée sur un petit cercle et cantonnée de quatre étoiles (Sup., n. 82.) pièce rare. Denier.—T.B.

959. STEPHAN. Même buste. —℟. METENSIS. Croix cantonnée de deux étoiles. (N° 23.) Denier.—B.

960. STEPHANVS. Croix pattée, cantonnée de deux besants. — ℟. SPINAL. Temple à double arcade posé sur un soubassement à colonnes. 2 pièces très rares et inédites. Grand denier.—T.B.

961. Même pièce, moins belle, peu lisible *Id.* B.

962. Même pièce. Temple varié, sans le soubassement. 2 pièces. Grand denier.—B.

963. Même pièce, légende illisible, la croix cantonnée de deux points et de deux étoiles. 3 pièces. Grand denier.—T.B.

964. Type et légende du n. 960. Très rare et superbe pièce. Obole.—F.D.C.

965. Même légende et Temple le toit différent. — ℟. STEPHANI. Croix cantonnée de deux besants et deux roses. 2 pièces. Petit denier.—T.B.

966. Quatre pièces variées aux mêmes types. *Id.* —B.

967. Sept *Id.* *Id.* *Id.* *Id.*

968. Six autres variétés plus barbares. *Id.*

Ces neuf derniers numéros ont été classés par M. DE SAULCY à Hériman, Sup., 69-73, et M. MONNIER les a rangées à Étienne de Bar, à cause de l'état de conservation des exemplaires qui figuraient dans les trouvailles de Dieulouard.

969. S PAVLVS. Tête de Saint-Paul à droite. — ℟. SARREBVRC. Croix cantonnée de deux besants et deux étoiles. Très rare et inédit. Grand denier.—T.B.

970. Même type, la croix sans cantonnement. Inédit. Denier—T.B.

971. S. PAVLVS. Tête de Saint-Paul à gauche, dans un cercle. — ℟. SOERLEVA ou SORHLEVA. Croix pattée. 3 pièces, très rares et inédites. Petit denier.—T.B.

Ces pièces sont décrites par M. DE SAULCY, à Adalbéron III, et M. MONNIER les a classées à Étienne, également à cause de l'état de conservation des pièces, de la trouvaille de Dieulouard.

Théodéric III (1164 à 1171).

972. THEODERIC. Croix pattée, cantonnée de deux besants et étoiles. ℟. ..HE...AI? Buste de Saint-Étienne ou de l'Évêque à gauche, portant la crosse de la droite et le livre des évangiles de la gauche. Pièce inédite. Denier.

973. THEODERIS. Buste à gauche. — ℟. RAM (?). Type confus. Petit denier.

Frédéric de Pluviose? (1171 à 1173?)

974. FRIDERICS. Tête à gauche. — ℟. METENSIS. Croix cantonnée d'un croissant et d'une étoile. Quatre variétés. 5 pièces. Petit denier.—T.B. et F.D.C.

Théodéric IV? (1173 à 1179).

975. TEODERIC. Même tête. — ℟. Même légende et même type. 3 pièces variées. (Sup., n. 96, 97.) Petit denier.—T.B.

Bertram (1179 à 1212).

976. BERTRAN. (TR en monogr.). Buste à gauche, les mains jointes. — ℟. METENSIS dans les cantons d'une croix, sur laquelle est posée une main bénissante. (Fig. 29, 30 et 31, et Supp., n. 101 à 108). 21 pièces variées.
Petits deniers. — T.B. et F.D.C.

977. Même buste très barbare. — ℟. ENHCIE (?). Même croix.
Petit denier. — TB.

Conrad de Scharphenneck (1212 à 1224).

978. CONRADVS. Buste à gauche, les mains jointes. — ℟. METENSIS. Main sur la croix. (Fig. 33). Pièce très rare. Denier. — B.

Jean I d'Apremont (1225 à 1238).

979. IOHANNES. Buste à gauche tenant une croix. — ℟. METENSIS. Croix pattée, cantonnée de deux croissants et deux étoiles. (Fig. 36 à 41, et Supp., n. 113.) 14 pièces variées.
Denier. — B., T.B. et F.D.C.

980. Mêmes types. La croix cantonnée de quatre points. (N. 42 à 45, et Supp., n. 111.) 10 pièces variées.
Denier. — B., T.B. et F.D.C.

981. Même pièce. La croix sans cantonnement. Denier. — T.B.

982. Même buste avec IE. IEA. INE., etc. — ℟. Celui du n. 979. Pièces à lég. barbares. 10 pièces var. Denier. — B. et T.B.

982 *bis*. Même pièce, très rare. Obole. — B.

983. IOHANNES. Même buste. — ℟. METENSIS. Main sur la croix. (N. 34. var. sans les points dans la croix.) 2 pièces rares. Denier. — T.B.

Jacques de Lorraine (1239 à 1260).

984. IACOBS. Buste à gauche tenant une crosse. — ℟. METENSIS. Croix cantonnée de deux croissants et deux étoiles. (N. 52 à 60, et Supp., n. 125, 127, 128, 129.) 19 pièces variées.
Deniers. — B., T.B. et F.D.C.

985. Mêmes types. Pièce très rare et inéd. 2 pièces. Obole. — T.B.

986. IACOBS (rétrograde). Buste à gauche tenant une crosse. — ℟. STEIENE. Croix cantonnée de quatre points. Pièce inédite Denier. — T.B.

987. IACOBVS. Buste court mîtré à gauche. — ℞. Croix évidée, cantonnée de quatre lys. (Supp. n. 118 à 124.). 4 variétés. Pièce rare. Denier.—B. et T.B.

Laurent (1269 à 1279).

988. LAV. derrière le buste d'un évêque tenant une crosse devant E. — ℞. EN CIVIE. Croix cantonnée de deux croissants et deux étoiles. Pièce inédite. Denier.—T.B.

989. Même type. L devant le buste.—℞. Le même. Denier.—T.B.

990. Même type. L derrière le buste devant O? — ℞. L H ou N. VIE. Même croix. Denier.—T.B.

Bouchard d'Avesnes (1282 à 1296).

991. BOV-CAR-DVS. Sur les côtés d'un écusson en triangle, chargé d'un lion à gauche et d'une crosse en sautoir. — ℞. MOR-SALLENSIS. Croix pattée. Très rare et inéd. Denier.—T.B.

Gérard de Relanges (1298 à 1302).

991 *bis*. GERARD. Dans les 6 angles rentrants d'une étoile au milieu de laquelle se trouve un écusson chargé d'une bande en sautoir et d'une crosse en pal.—℞. ESPNA. dans les cantons d'une croix évidée. (Imitation d'une obole de Ferri IV.) Belle pièce inédite. Petit denier.—T.B.

Renaud de Bar (1302-1316).

992. R. EPS METESIS. Cavalier armé à droite. — ℞. MONETA SPINALEN. Epée la pointe en bas entre deux barbeaux. (Type des deniers de Ferri IV.) Double denier.—F.D.C.

993. RENA. Évêque de face tenant de la droite une crosse, de la gauche un livre. — ℞. EPINAV. Épée la pointe en bas. (Petit denier au type de Ferri IV.) 5 pièces variées. Petit denier.—T.B.

994. R. EPS. Même type. — ℞. ESPINAVS. Même épée. Petit denier. — T.B.

995. R. DVX. L'évêque ou le duc armé, à droite, tenant une épée et un bouclier. — ℞. EPINAN. Épée la pointe en bas. (Cette pièce pourrait aussi être attribuée au duc Raoul.) Petit denier. — T.B.

Adémar (1327 à 1361).

996. ADEMARIVS EPS METEN. Saint-Étienne à genoux entre deux hommes qui le lapident.—℞. MONETA DE MARSALLO. Deux

écussons chargés de trois croix évidées et surmontés chacun d'un trèfle, entre ces écussons une crosse. (Sup., n. 142 var.) Demi-gros. — B.

997. ADEMARIVS EPS. Buste à mi-corps, à droite, tenant une crosse et bénissant. — ℟. MONETA METESI. Croix cantonnée de deux croissants et de deux étoiles. (n. 61.) Double-denier. — B.

998. Même pièce avec EPSI (n. 63.) Double-denier. — B.

999. A. EPS. Évêque, à droite, à mi-corps, tenant une crosse et bénissant. — ℟. METENSIS. Croix cantonnée de deux croissants et de deux étoiles. (n. 64-65.) 2 pièces. Petit denier. — F.D.C.

1000. Mêmes légende et type. — ℟. MONETA MARSA. Crosse en pal accostée de deux croix ou roses. Denier. — B.

Jean III de Vienne (1361 à 1365).

1001. IOHES DEI GRA EPS METS. Dans le champ, crosse en pal, à droite et à gauche, et un écu sur lequel est un aigle éployé chargé d'un lambel. — ℟. MONETA DE MARSALLO. Saint-Étienne à genoux, à gauche, dans le champ en deux lignes S STEPHANVS (n. 70.) Très rare. Demi-gros. — T.B.

Théoderic V de Boppart (1365 à 1384).

1002. THEODE' EPS' METE'. L'évêque en pied, de face, tenant de la gauche une crosse, et bénissant de la droite. — ℟. GROSSVS METES. Coupé par une croix pattée, en légende extérieure, BNDICTV SIT, etc. (n. 72.) Gros. — F.D.C.

1003. Mêmes types et légendes. 3 variétés. Gros. — B. et T.B.

1004. THEODE: DEI: GRA: EPS: MET. Deux écussons aux armes de l'évêque, aux côtés d'une crosse en pal. ℟. MONETA: DE MARSALLO. Saint-Étienne à genoux, à gauche, son corps coupe la légende suivante. S : STEPANVS, formant deux lig. (Sup., n. 146.) Rare. Gros. — T.B.

1005. THEODE DI GRA EPS MET. Dans le champ l'écu de l'évêque sur une crosse en pal. Le tout contenu dans 4 arcs de cercle. — ℟. BNDICTV SIT, etc. Et en légende intérieure, M. D. MASALLO. Au centre une croix. (Sup., n. 147.) Demi-gros. — T.B.

1006. THE EPS ME. Évêque à mi-corps de face, tenant une crosse et bénissant. — ℟. MONETA METENS. Croix pattée, coupant la légende. (N. 73.) Demi-gros. — F.D.C.

1007. THE EPS. Buste d'évêque de face. — ℟. MONETA: METEN. Croix. (n. 74.) Quart de gros. — F.D.C.

1008. THEODE EPS MET. Lion lampassé sur une crosse en pal. — ℟. MO DE MARSAL. Dans le champ une croix. (N. 76.) Pièce rare. Denier ou quart de gros. — T.B.

1009. THEODOR. EPS. Dans le champ un M gothique — ℟. MONETA ME. Croix coupant la légende. (Sup., n. 144.) Obole. — T.B.

Raoul de Coucy (1388 à 1415).

1010. RAD. D. COCY. EPVS. METE, Légende coupée par une croix pattée, cantonnée de deux crosses et de deux couronnes. — ℟. MONETA D. MARSAL. Buste de Saint-Étienne de face, posé sur l'écu de Coucy, tenant une palme et un caillou. (N. 77.) Gros. — T.B.

1011. RAD. D. COVCI. EPS. Écusson de Coucy. — ℟. MONET MARSA. Crosse en pal. Inédite. Petit denier ou obole. — T.B.

1012. RAD. D. COCI. EPVS. M. Dans le champ deux écussons de Coucy. — ℟. MONETA MARSAL. Crosse entre deux étoiles. (Sup., n. 154.) Petit denier. — B.

1013. RAD. D. COVCI. EPS. Dans le champ un M gothique, au-dessus un trait. — ℟. MONE MASA. Légende coupée par une croix pattée. (Sup., n. 152 et 153.) 4 pièces variées. Obole ou angevine.

Conrad Bayer (1416 à 1457).

1014. CONRAD EPS MET. Buste à mi-corps, tenant la crosse et bénissant — ℟. MONETA NOVA DE MARSA. Croix pattée ne coupant pas la légende. (N. 78.) Demi-gros

1015. CORAD BEIE EPS MET. Écu de l'évêque, timbré d'une crosse. — ℟. MONETA NOVA MARSA. Même croix. (N. 79 var.) Demi-gros. — T.B.

1016. CORAD EPS ME. Buste de face. — ℟. MONETA D MA. coupé par une croix cantonnée de 4 étoiles. (Sup., n. 159 var. 2 pièces. Petit denier. — T.B.

Charles I (1548 à 1574).

1017. CAROLVS CAR. DE LOTHOR SAC. IMP. PRIN. Buste à gauche du cardinal. — ℟. S STEPHANVS PROTHOMAR. St Étienne debout dans un contour ellyptique. Au bas : 1557 et B. (n. 82.) Pièce très rare. Grand écu. — B

1018. Même pièce moins belle, avec 1558. Grand écu.

1019. S. STEP. PROTHO. St Étienne à genoux. Dans le champ deux C. — ℞. MON EPI METENS. Croix pattée coupant la légende, et cantonnée de quatre étoiles. (Supp., n. 167.) 3 pièces var. Double denier ou bugne. — T.B.

1020. Même pièce sans les deux C. (Supp., n. 169 à 171.) 3 pièces variées Double denier ou bugne.—T.B.

1021. S. STEPHANVS. Même saint à genoux. — ℞. MON EPI METENSIS. Croix. (Supp., n. 168.) Rare, Double denier ou bugne.

Robert de Lenoncourt (1551 à 1555).

1022. S. STEPHA. PROTHOM. St Étienne du n. 1017.— ℞. FLORENVS EPI METENSIS. Écu de Lenoncourt au milieu d'un contour de quatre arcs, avec trèfles dans les angles rentrants. (N. 89, var. inéd.) Pièce rare. OR florin.

1023. ROBERTVS. CARD. DE LENONCOVRT SI. Buste barbu du cardinal à droite. — ℞. SANCTVS STEPHANVS METENSIS. Saint Étienne à genoux entre les deux écussons de Lenoncourt surmontés du chapeau de cardinal. (Supp., n. 174.) Rare et très belle pièce. Grand écu.—T.B.

1024. Même pièce sans SI. Argent doré. (Supp., n. 175.) Très rare. Demi-écu.—B.

1025. MO. D. ROBERT. CARD. DE LENONCOVRT EPIS. METEN. Même buste.— ℞. *incus*. Plaque faite avec un grand essai d'écu d'argent inédit. AR.—F.D.C.

1026. STEPH. METENS. St Étienne à genoux à gauche.— ℞. MON EPI METENS. Croix coupant la légende, cantonnée de quatre étoiles. (N. 86, 87.) 9 pièces variées. Bugne.—T.B.

1027. Même pièce. Un écu posé sur la croix. (Supp., n. 178.) 4 pièces variées. Bugne.—T.B.

1028. Même pièce, également avec l'écu, mais sans étoiles. (N. 90.) 2 pièces variées. Demi-bugne (?).—T.B.

1029. R. C. DE LENONCOVRT. Croix coupant la légende. Au centre l'écu de Lenoncourt.— ℞. STEP. METE. S. Saint Étienne à genoux à gauche. (N. 85.) 5 pièces var. Demi-bugne.—B.

1030 Même légende, écu de Lenoncourt surmonté du chapeau de cardinal. Au-dessus : 1551. — ℞. S. STEPHANVS MET. Le saint à genoux. (Supp., n. 183.) Bugne.

1031. La même, sans la date. 4 pièces var. (Supp., n. 184.) Bugne.—B. et T.B.

1032. Le même. (Supp., n. 177.) Rare. Demi-bugne.—B.

1033. DE LENONCOVRT entre grènetis, au centre la croix de Lenoncourt.—℟. IN LABORE QVIES dans le champ, deux R entrelacées. (Supp., n. 186.) Trois pièces variées. Liard de billon. —B.

1034. ROBERTVS. CAR. DE LENONCOVRT. Buste barbu à droite. — ℟. IN LABORE QVIES. Un roseau. Ecu de Lenoncourt surmonté d'un chapeau de cardinal avec ses pendants. (N. 92.) Jeton. Cuivre.—T.B.

Louis, cardinal de Guise (1568 à 1578.)

1035. LVDOVICVS CARD. A GVYSIA EPS. METEN. Armes pleines de Lorraine, avec lambel, et surmontées du chapeau de cardinal. — ℟. FIDVS INDEX NVMERI en trois lignes dans le champ et entourées d'une couronne d'olivier. Jeton inédit. Cuivre.—B.

Charles II de Lorraine (1567 à 1607).

1036. CAR. D. G. CARD. LOTH. EP. ARGENT. ET MET. Buste du cardinal barbu à gauche. — ℟. ALSAS. LANGRA. Ecu écartelé d'Alsace et de Lorraine. Lorraine sur le tout surmonté du chapeau de cardinal. (N. 95.) Quatre superbes pièces variées. Teston. — F.D.C.

1037. Sept autres variétés moins belles, de la même pièce. Testons.

1038. Même pièce avec 1601 sous le buste. Rare. Teston.—B.

1039. La même avec 1603. Trois pièces var. Teston.—F.D.C.

1040. La même avec 1604. (N. 496). Rare. Teston.

1041. La même avec 1605. Deux pièces variées. Teston.—T.B.

1042. La même avec 1606. Teston.—Fruste.

1043. Même pièce avec 1607? Le 7 retourné. Trois pièces variées. Teston.—B. et T.B.

1044. Même pièce. Trois variétés fausses du temps 1604. Cuivre.

1045. C. CARD. DE LOTH. Dans le champ, deux C croisés. — ℟. SEXTA SOLIDI. Dans le champ une crosse. (Sup., n. 196.) Billon.—T.B.

Médailles et Jetons du même

1046. CAROL. D. G. CARD. LOTH. EPIS. ARG. ET MET. Buste barbu du

cardinal à droite. — ℟. Sans légende, l'écu des testons précédents, admirable pièce coulée et ciselée, inédite.
OR. 38 mill.—F.D.C.

1047. CAROL. D. G. CARD. LOT. ÉPISC. ARGENT ET MET. Buste barbu avec chapeau à gauche. — ℟. Même écu.
Étain. 35 mill.—T.B.

1048. CAROL. D. G. EPISC. METEN. DVX LOTH. ET B. Buste imberbe à droite, la tête couverte d'un bonnet plat. — ℟. TV MIHI CHRISTE SCOPVS. 1585. Écu de Lorraine surmonté d'une mitre et adossé à une crosse, à droite et à gauche une croix de Lorraine couronnée. (N. 97.) Très rare.
Étain. 42 mill.—F.D.C.

1049. CAROLVS CARDI. DE LA LOTH. ARCHIDVX RHEM. Même écu. —℟. CRESCAM ET TE STANTE VIREBO. Pyramide à jour surmontée d'un croissant sur un globe. Jeton. Quatre variétés.
Cuivre.—F.D.C.

1050. CARO. A LOTHORIN. EPISCO. METEN. 1572. Écu de Lorraine adossé à une crosse. — ℟. CHRISTVS SOL IVSTICLE. Tournesol dessous SOL SEQVIV. (Sup., n. 197 var.) Cuivre.—B.

1051. CAROL. D. G. CARD. LOTHA. EPIS. ARGENT. ET METENS. Écu du n. 1036.— ℟. VT IN CELO METAT SIC SOLVM COLIT. 1600. Laboureur, etc. (N. 98.) Cuivre.—B.

Henri de Verneuil (1612 à 1653).

1052. HENRI D. G. EPVS. METENSIS. Écusson de France barré, couronné, surmonté d'une mitre et d'une crosse.—℟. MONETA NOVA VICENSIS. Aigle d'Autriche couronné. (Supp., n. 201.) Pièce très rare. Bas argent.—F.D.C.

1053. Même légende et même écu. — ℟. Même légende; dans le ch. quatre couronnes. (N. 100.) Liard de billon.—F.D.C.

Médailles et Jetons du même.

1054. HENRICVS EPISCOPVS METENSIS. ST. IMPERII PRINCEPS. Buste à droite, au bas 1624. Revers lisse. Superbe médaille. avec béliére. Bronze. 57 mill.—F.D.C.

1055. CAPITVLO METENSI ADMINISTRANTE. Écusson portant deux besants avec dextre. Année 1615. — ℟. CAMERA COMPVTORVM VICENSIVM. Écu plein surmonté d'une mitre avec les armes de France barrées. (N. 101.) Cuivre.—TB.

1056, HENRIC BORBONIVS EPISC. MET. S. R. C. P. R. Écu du n. 1052 ℟. NICOL. CŒF.ETARO EPIS. DARDAN ADMINISTRAT. Écu de l'évêque suffragant. 1620. (Sup., n. 201.) Rare.
Cuivre. — F.D.C.

Jetons du Chapitre.

1057. SANCTVS STEPHANVS PROTHOMARTIR. Buste de Saint Étienne à gauche.— ℟. D'AVBVSSON EPVS. MET. CAPIT. ADMI. SEDE QVASI VAC. Écu de l'évêque surmonté du chapeau de cardinal. 1696. (N. 102.) 2 pièces. AR. et Cuivre.—F.D.C.

1058. Mêmes légende et type. — ℟. CAPITVLO METEN. ADMINIST SEDE VACANTE. Écu avec deux besants et dextre armée. 1697. (N. 103.) 2 pièces. AR. et Cuivre.—F.D.C.

1059. Mèmes types et légendes avec 1760. (N. 104.) AR. et Cuivre. — F.D.C.

1060. S. E. Saint Étienne à genoux à droite. — ℟. Écu couronné de Marsal ou de Troyes. (Sup., n. 204.) 2 pièces. Cuivre. — T.B.

Ville de Metz.

Ici encore nous donnerons seulement les numéros des planches de l'ouvrage de M. de Saulcy, intitulé : *Recherches sur les Monnaies de la cité de Metz.* 1 vol. in 8º. 3 planches.

1061. S. STEPHANVS PROTHOMAR. St. Étienne debout à gauche tenant une palme de la droite, de l'autre une pierre, dans un contour ellyptique à double cercle. — ℟. FLORENVS CIVITAS METENSIS. Écu carré de Metz dans un contour orné de trèfles et formé de six arcs de cercle. (N. 1.) OR florin.—T.B.

1062. Les mêmes lettres plus modernes, avec PROTHOM. et PROTHOMA. 2 pièces. OR florin.—B.

1063. Le même PROTHOM. Six annelets dans les cercles au dehors. (N. 5.) OR florin.—B.

1064. Même pièce, avec 1620 près du saint. Rarissime. OR florin.—B.

1065. Le même, avec 1623. Aussi rare. *id.* —B.

1066. Autre pièce, avec 1626. Aussi rare. *id.* —F.D.C.

1067. S. STEPHANVS PROTOMARTYR. Buste du saint à gauche. — ℟. FLORENVS CIVIT. METENSIS. 1639. Même écu avec les annelets. Très rare et superbe pièce. (N. 6, var.) OR florin.—F.D.C.

1067 *bis*. Avec 1645 accostant le buste, et 1646 au Revers. Rarissime. OR florin.—F.D.C.

1068. S. STEPHANVS PROTHOMART. Même saint. —℟. MONETA NOVA METENSIS. 1629. Aigle à deux têtes portant au cœur l'écu de la cité. (N. 2, var.) Thaler ou grand écu.—B.

1069. Même pièce. Datée 1631. *id.* —T.B.

1070. La même. 1632. *id.* —T.B.

1071. Même pièce contremarquée d'un roi de Pologne (?) à cheval. Thaler ou grand écu.—B.

1072. La même. 1633. *id.* —T.B

1073. Même légende et même saint. — ℞. MONETA CIVITATIS METEN. 1638. Écu de la ville, de forme ovale, dans un contour très orné. (N. 3.) Thaler ou grand écu.—B.

1074. Même pièce, avec l'écu carré du n. 1061, des étoiles dans les cercles. Datée 1638. Rare. Thaler ou grand écu.—B.

1075. Même légende. Buste du saint à gauche. — ℞. MONETA CIVITA METENSIS. 1638. Écu de Metz échancré dans un cartouche rond. Très orné. (N. 4.) *Id.* Grand écu.—F.D.C.

1076. Même pièce, datée 1640. *id.* —T.B.

1077. Même pièce. 1643. *id.* —F.D.C.

1078. Même pièce. 1646. *id.* —F.D.C.

1079. Même type. 1638, 1639. 2 pièces. Rares. Demi-thaler.

1080. Même pièce. 1640. Très rare. Demi-thaler.—F.D.C.

1081. La même. 1641. Très rare. *id.* —F.D.C.

1082. Même légende et même buste. Dessous : $\frac{1}{4}$. — ℞. Même légende et même écu. Datée 1640. Pièce très rare. Quart de thaler, fruste.

1083. S. STEPHA. PROTHOM. Saint du n. 1061. Dessous : 1590. — ℞. MONETA NOVA METENSI. Double aigle du n. 1068. (N. 1.) Teston.—T.B.

1084. Même pièce. 1592. *Id.*—F.D.C.

1085. La même. 1593. *Id.* —T.B.

1086. La même avec 98. Autre avec 99. 2 p. (N. 3.) *Id.* —T.B.

1087. La même avec 1600. *Id.* —T.B.

1088. S. STEPHANVS PROTHOM. Buste du saint à gauche, à l'exergue 1616. — ℞. MONETA NOVA METENSIS. Écu ovale sur un cartouche, à l'exergue XII. G. (N. 1.) Année très rare. Teston ou franc messin. — B.

1089. Même pièce, années 1620, 1621, 1622. 3 pièces. Teston ou franc messin.—T.B.

1090. Même pièce. 1639, 1640, 1642, 1643. 4 pièces.
Teston ou franc messin.—B. et T.B.

1091. Même pièce. 1657, 1659, 1661. 3 pièces.
Teston ou franc messin.—B. et T.B.

1092. Même droit. 1622.—℟. MONETA NOVA MTB COMES D. Même type. Pièce imitée par le comte de Deciane. Rare. Billon.

1093. S. STEPHAN. PROTHOM. Même buste, dessous 1621.—℟. MONETA NOVA METEN. Même écu, dessous VI. G. Année rare, l'écusson carré. Demi-franc. —B.

1094. Même pièce. 1622, 1623, 1641. 3 pièces. *Id.* —B.

1095. La même. 1641. Écusson rond. (N. 3.) *Id.* —B.

1096. Le même avec STEPHANVS. 1658. Écu carré. (N. 2.) Rare.
Demi-franc.—T.B.

1097. Le même. 1660. Rare. *Id.* —T.B.

1098. S. STEPHAN. PROTHO. Saint du n. 1061.—℟. BNDICTV. etc. En double ligne GROSSVS METE. Croix coupant la légende. (N. 1.) 4 pièces var. Gros.—B. et F.D.C.

1099. S. STEPHAN. PROTHOM. Le saint à genoux à gauche, dans le champ deux écussons. — ℟. Le même, la croix cantonnée de quatre étoiles. (N. 3, 4, 5 et 9.) 8 pièces variées.
Gros. — F.D.C.

1100. 27 autres variétés de la même pièce. Gros.—B et T.B.

1101. Même pièce, les écussons très petits. (N. 2.) 3 pièces variées.
Petit gros.—F.D.C.

1102. Six autres variétés de la même pièce. *Id.* — B. et T.B.

1103. S. STEPHA. PROT. M. Même saint.—℟. BNDICTV, etc. En légende intérieure SEMI. GROSS. METEN. Croix pattée cantonnée de quatre étoiles. (N. 1.) 7 pièces variées.
Demi-gros.—B., T.B. et F.D.C.

1104. Même pièce avec 1647, 1648 et 1650, 1652. 10 variétés. (N. 2.) Demi-gros.—T.B.

1105. S. STEPH. PROTH. Saint Etienne à genoux à gauche. — ℟. MONETA METENS. Croix coupant la légende cantonnée de quatre étoiles. (N. 1, 2, 3, 4.) 7 pièces variées.
Bugnes.—F.D.C.

1106. 13 autres variétés de la même pièce. *Id.* —B. et T.B.

1107. Même pièce, deux écussons placés près du saint. 2 variétés. Pièce très rare. Bugne.—T.B.

1108. S. STEPHANVS. Saint Étienne à genoux à gauche.— ℟. MO-

NETA METEN. Croix pattée cantonnée de quatre étoiles. (N. 2 et 3.) 8 variétés. Demi-bugne.—B. et T.B.

1109. S. STEPHANVS. Tête du saint de face.—℞. MONETA METENSIS. Croix pattée. (N. 1.) 4 pièces variées.
Double denier. — T.B. et F.D.C.

1110. S. STEPHANVS PRO. Même tête.—℞. MONETA METENSI. Croix cantonnée de quatre étoiles. (Nos 4 et 5.) 5 pièces variées.
Double denier.—B. T.B. et F.D.C.

1111. MONETA METENSI. Écu sur un cartouche accosté de 3. D.—℞. TRES DENARII. Croix cantonnée de 1590. (N. 7.) Rare.
Double liard (?).—B.

1112. MONETA METENSIS. Dans le champ grande M.—℞. QVARTA SOLIDI. 1555, 1587, 88, 89, 90, 92, 93, 94. (Nos 1, 2, 3, 4.) 15 pièces variées. Liard.— B., T.B. et F.D.C.

1113. Même type à l'exergue : 1615, 16, 17, 1621, 22, 23, 24, 26, 1637, 38, 1645, 47, 48, 49, 1650, 1651, 52, 53, 55, 56, 57, 58, 1660, 61, 65. (N. 5.) 44 pièces variées.
Liard.—B. T.B. et F.D.C.

1114. Même pièce sans date, avec MONETA METENSIS des deux côtés. 2 variétés. (N. 6.) Rare. Liard.—T.B.

1115. OCTAVA SOLIDI. 1584. Écusson de la ville. — ℞. MONETA METENSIS. Croix pattée cantonnée de quatre étoiles. (N. 1.) 3 pièces var. Demi-liard.—B. et F.D.C.

1116. QVARTVS DENAR. Dans le champ M gothique. — ℞. MONETA ME. Croix pattée coupant la légende. (N. 1.) 4 pièces.
Angevine.—B. et T.B.

1117. QVARTVS DENAR. Écu de la ville. — ℞. MONETA ME. Croix pattée coupant la légende et cantonnée de quatre étoiles. (Nos 2, 3, 4, 5.) 14 pièces var. Angevine.—B. et T.B.

1118. Même pièce, la tête du saint au dessus de l'écu. (Nos 6 à 12.) 9 pièces var.) Angevine.—B. et T.B.

1119. Trois pièces. Imitations faites par les étrangers au type du 117. Angevine.—B.

Anciens deniers épiscopaux ou municipaux.

1120. Buste diadémé à droite. — ℞. METTIS dans les cantons d'une croix. Pièce très rare. Denier.—F.D.C.

1121. Même pièce avec la tête diadémée à gauche. (Pl. 1, n. 1 à 6.) 5 variétés. Denier.—T.B.

1122. METENSIS. Écu de la ville.— ℞. Bractéate incuse. — T. B.

Échevins de la ville de Metz.

1123. FIRMA SOLD RADIX. 1606. Écu de Sartorius — ℟. MONETA NOVA METENS. Écu de Metz. Type du quart de sol. (Robert, *Recherches sur les monnaies des Echevins de Metz*, p. 1, f. 9.) AR.—T.B.

1124. CRAINS DIEV ET FAIS IVS. Écu de Maguin. — ℟. MONETA NOVA MET. Écusson de Metz. Exergue : 1615. (*Id.*, f. 10.) Même type. AR.—T.B.

1125. ABR FABERT M ECHEVIN. Hercule debout appuyé sur sa massue. Dans le champ, huit grenades.—℟. MONETA NOVA METE. Même écu. 1614. (*Id.*, pl. II, fig. 4.) AR.—T.B.

1126. P. PRAILLON E^{R} S^{R} DE S. C^{ER} DV ROY. M^{RE} ESCHEVIN DE M. Dans le champ, la pucelle tenant l'écu de la ville et un lys. — ℟. ENDVRER . POVR . DVRER. Écu de Praillon. Ex. : 1633. (*Id.*, f. 9.) Très rare. Cuivre.—T.B.

1127. NICOLAS AVBERTIN ADVOCAT. Armes d'Aubertin. — ℟. ESCHEVIN THRESORIER DE METZ. Armes de Metz, au bas, 1652. (*Id.*, pl. III, fig. 3.) Cuivre.

1128. B. DE GIVRY. M. ESCHEVIN DE METZ. Armes de la ville. Dessous : 1675.—℟. SEMPER IN EXCVBIIS. Écussons de Givry couronnés. (*Id.*, pl. IV, fig. 7.) AR.—T.B.

1129. Même légende et même type. 1677. — ℟. VNDIQVE SOLEM. Même écu de Givry couronné. (*Id.*, n. 8.) Très rare. OR.—F.D.C.

1130. Même pièce. AR.—F.D.C.

1131. B. DE GIVRY M. ESCHEVIN DE METZ. Écusson de Metz. Ex. : 1677.—℟. VNDIQVE *** SOLEM. Écu de Givry. (*Id.*, fig. 6.) Cuivre.—T.B.

1132. T. DE BERARD. M^{e}. ESCHEVIN DE METZ. 1678. Écu de Metz. —℟. SOLE FAVENTE RESVRGVNT. Écu de Berard, avec couronne de comte. (*Id.*, pl. IV, f. 6.) Cuivre.—T.B.

1133. *Id.* au droit. 1680.—℟. FELICIA TEMPORA SIGNANT. Même type. (*Id.*, fig. 7.) Cuivre.—T.B.

1134. H. POVTET Me ESCHEVIN DE METZ. 1683. Écu de Metz. — ℟. STAT VIGILAT ET LVCET. Écu de Poutet. (*Id.*, pl. IV, fig. 9.) 2 pièces. Cuivre.—T.B.

1135. Mêmes types et légendes au droit. 1684. — ℟. PATRIAM HÆC SIDERA FIRMANT. Écu *id.* (*Id.*, fig. 11.) AR.—F.D.C.

1136. Mêmes types et légendes au droit. 1686 — ℞. IMMOTVS STAT IN MOTV. Même écu. (*Id.*, fig. 12.) AR.—T.B.

1137. Le même. Cuivre jaune. Cuivre.—T B.

1138. P. P. PANTALEON Mr. ESCHEVIN DE METZ. Écu de la ville. Au bas : 1689.—℞. AD TVTELAM NON AD PRÆDAM. Écu de Pantaléon. (*Id.*, pl. V, fig. 2.) AR.—F.D.C.

1139. Même pièce. Grand module. AR.—F.D.C.

1140. LOVIS F. JEOFFROY. M. ESCHEVIN. DE METZ. Ville de Metz. Au-dessus l'écu de la ville, supporté par deux cornes d'abondance.—℞. CVSTODIT NOCTE DIEQVE. 1690. Écu de Jeoffroy. 2 pièces. (*Id.*, pl. V, fig. 3.) AR.—F.D.C.

1141. Même pièce. Cuivre.—F.D.C.

1142. PIERRE DE RISSAN M. ESCHEVIN DE METZ. 1696. Dans le champ la ville, au-dessus l'écu de Metz. — ℞. VIRIBVS ET ARMIS. Écu de Rissan supporté par deux lions. (*Id.*, pl. V, fig. 6.) Cuivre.—F.D.C.

1143. PIERRE DE RISSAN. CHLR. M. ESCHEVIN. DE METZ. 1700. Même type. — ℞. SECVRITAS PVBLICA. Même écu. (*Id.*, pl. V, fig. 8.) AR.—F.D.C.

1144. Le même. Cuivre.—F.D.C.

1145. Le même. 1703. Cuivre.—F.D.C.

1146. CL. PH. D'AVBVRTIN M. ESCHEVIN DE METZ. 1709. Écusson de Metz, surmonté de la pucelle. – ℞. HOC SIDERE CRESCET. Armes d'Auburtin. (*Id.*, pl V, fig. 9.) Cuivre.—F.D.C.

1147. ANT. LOV. FR., LEFEVRE DE CAUMARTIM M. DES REQTES M. DES TROIS EVECH. EN 1764 DE FLANDRE ET ARTOIS EN 1754 (en 7 lignes). — ℞. Écusson couronné, orné de branches d'olivier et de chêne, posé sur un socle orné sur lequel on lit : LORTHIOR. F. Sur la couronne est un listel avec DE MIEUX EN MIEUX. Pièce à 8 pans. Cuivre.—F.D.C.

1148. CAS. ANT. L. F. METZ DE CAVMARTIN. Saint-Esprit descendant sur les fonts baptismaux, à côté l'écu de Caumartin. Ex. : 1754.—℞. PATRIÆ SPES ALTERA SVRGIT. Enfant au maillot entre les figures allégoriques de Minerve et de la ville, appuyées l'une sur l'écu de Belle-Isle, et l'autre sur celui de la ville. Ex. : PREFECTO, coupé par un écu de Maricullles (échevin). (*Id.*, pl. V, fig. 10.) Bronze doré.—F.D.C.

1149. Le même. Var. avec PRÆFECTO. Cuivre.—B.

Jetons royaux pour Metz.

1150. HENRICVS. IIII. FRANCORVM ET. NAVA. REX. Écus de France et de Navarre.—℟. CIVITAS METENSIS. NB. Écu de la ville dans une couronne de laurier. Ex. : 1608. (*Id.*, pl. VI, fig. 1.) Cuivre.—T.B.

1151. Le même.—℟. CIVITAS METHENSIS. 1610. (*Id.*, pl. VI, fig. 2.) Cuivre.

1152. Mêmes légendes et écus.—℟. VT IN CŒLO METAT SIC SOLVM COLITT. Ex. : 1600. Laboureur.— Revers d'un jeton de Charles II, évêque de Metz. Cuivre.—F.D.C.

1153. LOVYS. LE. IVSTE. ROY. DE. FRANCE. DE. NAVAR. Tête laurée de Louis XIII à droite. Au bas : 1641. — ℟. IECT. DE. LA. COVR. DE. PARLEMENT. DE. METZ. Écu de France entouré des colliers des ordres royaux. (*Id.*, pl. VI, fig. 4.) AR. 28 mill.—F.D.C.

1154. Même pièce. Buste lauré à droite. Cuivre.—B.

1154 *bis*. LVD. XIV. D. G. FR. ET. NAV. REX. Tête à droite. — ℟. comme au précédent. (*Id.*, pl. VI, fig. 7.) Cuivre.

Médailles et jetons pour Metz.

1155. HENRICVS II GALLIARVM REX INVICTISS. P. P. Buste lauré et couronné à droite.—℟. RESTITVTA REP. SENENSI LIBERA-OBSID. MEDIOMAT. PARMA MIRAND. SANDAMI Et RECETTO-TIS HEDINIO ORBIS CONSENSV. 1552. En 9 lignes dans une couronne. (ROBERT, souv. numis., fig. 1.) Pièce frappée en argent. Très rare. AR. 53. mill.—F.D.C.

1156. La même coulée en bronze. Bronze. 54 mill.—T.B.

1157. Même légende et même buste.— ℟. OB RES IN ITAL. GERM. ET GALL. FORTITER AR FŒLIC. GESTA. Char de triomphe. Au bas. EX VOTO PVB. 1552. Bronze doré.—T.B.

1158. HENRICO II. FRANC. R. CHRISTIANIS OPT. PRINCIPI. Buste cuirassé et couronné à droite.—℟. MET. LIBER. OBSID. CAR. IMP. GERM. OPPVG. FRANC. A. LOTHOR. DVCE GVIS. FŒLICIS. PROPVG. 1552. Au bas l'écu de la ville. Pièce très rare. Bronze. 35 mill.—T.B.

1159. DONEC TOTVM IMPLEAT ORBEM. Croissant posé sur un faisceau d'armes et surmonté d'un flambeau couronné ; du faisceau sortent deux étendards portant l'un une citadelle, l'autre LOTO. Dans le champ deux H. —℟. NIL NISI CONSILIO. Trois lys dans un contour couronné, formé de trois croissants. Aux côtés de la couronne et au bas sont trois chiffres formés de C entrelacés. Magnifique jeton. AR.—F.D.C.

1160. Buste à gauche de Foucquet. Dessous : J. C. Roettiers f. ℞. CH. LOVIS. AVG. FOVCQVET DVC DE BELLE ISLE PAIR ET MARÉCHAL DE FRANCE. MINIS. ET SECR. D'ÉTAT ET DE LA GVERRE GOVV. GEN. DES EVECHÉS ET FONDATEVR DE LA SOCI. ROIALE DES SCIENCES ET DES ARTS DE METZ. 1760. En 11 lignes. Bronze. 48 mill.—F.D.C.

1161. CH. L. AVG. FOVCQVET. MARECH. DVC DE BELLE ISLE. Buste à gauche. Au bas : J. C. R.—℞. VTILITATI PVBLICÆ. Génies des sciences, de l'agriculture et des arts. Ex. : FVNDATVR. METIS. MDCC. L. Jeton. AR. 29 mill.—F.D.C.

1162. Le même frappé postérieurement. Cuivre.—F.D.C.

1163. I. LOIS DE LA VALLÉE DVC D'ESPERN. P. COL. GNAL D. FRA. Armes d'Epernon. — ℞. INTACTVS VTRINQVE La discorde et un lion. Ex. : 1620. D'EPERNON GOUVERNEUR DE METZ. Jeton. AR.—T.B.

1164. Autre jeton fruste du même 1597, avec ADVERSIS CLARIVS. Cuivre.

1165. LVDOVICVS XV. REX CHRISTIANISS. Buste jeune à droite. Dessous : DVVIVIER. — ℞. PAX PROVIDA. Génie présentant un plan de fortifications à Minerve. Ex. : METÆ NOVIS OPERIBVS MVNITÆ MDCCXXXII. Bronze. 40 mill.—F.D.C.

1166. LVD XV. REX CHRISTIANISS. Tête diadémée à droite. (Au bas. P.M.) — ℞. LVCTVS NVLLI ÆVO COGNITVS. La France à genoux devant un autel. Ex. : REGE GRAVITER ÆGROTANTE METIS MENTE AVG. M.DCC.XLIV. Signé B. DVV. FILS. Bronze. 40. mill.—F.D.C.

1167. Mêmes légende et tête.—℞. DEO CONSERVATORI. La France debout rendant grâce à Dieu devant un autel. Ex. : REGE VINCVLIS MORTIS SOLVTO. METIS MENS. AVGVST. MDCCXLIV. Bronze. 40 mill.—F.D.C.

1168. Mêmes légende et tête.—℞. GALLIA RIVIVISCENS La France debout, tenant une couronne de fleurs, et la tête entourée de rayons. Ex. : SALVO PRINCIPE DILECTISSIMO. 1744. Bronze. 40 mill.—F.D.C.

1169. Même légende et tête laurée à droite. — ℞. OB RESTIT. IN VRBE MET. AN. 1744 OPT. PRINC. SALVTEM. en légende circulaire. Dans le champ et dans une couronne d'olivier on lit : PORTICVM ÆDIS S. STEPH. AB ECCLES. METEN DECR. ET INCHOATAM REX. OPIS DIVI MEMOR IMPENSA SVA PERFECIT.

Ex. : CVRANT MARESC. DVC D'ESTREES PR.EF PROV. ANNO 1764. (Ces 5 dernières médailles sont modernes.)
Bronze. 40 mill.—F.D.C..

TOUL — Évêques.

Les numéros cités sont ceux des planches de l'ouvrage de Ch. Robert : *Recherches sur les Monnaies des Évêques de Toul.* Paris, 1844, in-4°, 10 planches.

1170. T. Dans le champ quatre annelets. — ℟. lisse. Plomb.

1171. Crosse entre deux étoiles.—℟. Écusson. 2 pièces. Denier.

1172. T entre un autre T renversé et un O.—℟. Incus. Bractéate. AR.

1173. E. TV. Tête à gauche avec mître ou bonnet. — ℟. Incus. Bractéate. AR.—T.B.

1174. Légende illisible, main tenant un lys.— ℟. Légende illisible. Croix cantonnée de deux besants. (Pl. X, n. 1.) 4 pièces var. Denier.—B.

1175. Fleur de lys entourée de quatre annelets.— ℟. Croix avec 4 besants. Denier.

1176. ...LLO. Croix pattée avec quatre besants.—℟. Trace d'un temple. Denier.

1177. ...EVCHE? Temple —℟. Croix ancrée cantonnée de quatre étoiles. (Pl. X, n. 5.) 2 pièces variées Denier.—B.

Brunon (1028 à 1048).

1178. BRVNO EP. Croix pattée. — ℟. ...VCH. (Leucha civitas.) Temple. (Pl. I, n. 4.) 2 pièces var. Denier.—T.B.

Eudon (1051 à 1069).

1179. S. EVCHARIVS. Temple à deux étages.— ℟. VDO. E.. Croix. Inédit.. Denier.—B.

1180. EVDO EPS. dans les contours d'une croix. — ℟. LEVCHA CIVITAS. Même temple. (Pl. II, n. 5.) Très rare. Denier.—B.

Pibon (1069 à 1107).

1181. PIBO EPS. Croix. — ℟. TVLLVM. Temple. (Pl. II, n. 1.) Denier.

Riquin (1107 à 1126).

1182. PETRVS (lettres retournées). Tête de face. — ℟. PETRVS? Croix pattée cantonnée de quatre besants. (Pl. II, fig. 3, var.) 2 pièces du trésor de Tronville. Denier.—B.

Henri de Lorraine (1127 à 1168).

1183. HENRICVS EPS. Croix. — ℟. VRBS TVLLVM. Temple à trois étages. (Pl. II, n. 5.) Très rare. Denier.—T.B.

1183 *bis*. Variété de la même pièce. (Pl. II, n. 6.) Denier.

Pierre de Brixey (1168 à 1191).

1184. PETRVS. Buste à mi-corps à droite. — ℟. TVLLI. Croix cantonnée de quatre étoiles. (Rev. num, 1861 p. 393.) 2 pièces var. Denier.—T.B.

1185. PETRVS. Évêque à mi-corps à gauche, tenant un livre des deux mains.—℟. TVLLI. Main tenant une crosse. 4 pièces variées. Denier.—T.B.

1186. Même pièce, l'évêque tenant le livre d'une seule main. (Pl. III, n. 5.) Denier.—B.

1187. S. P. TVLVS. Buste de Saint-Pierre à gauche. — ℟. EP. TROVS ou EP. TRENS. Main tenant une croix. 2 pièces variées. Denier.—T.B.

1188. PETRVS. Édifice. — ℟. LIBDVN. Poisson. (Pl. IV, n. 1.) 3 pièces. Denier.—B.

Renaud de Sculis (?) (1210 à 1217).

1189. R..... Buste de face tenant une crosse de la droite. — ℟. TVLLENRI. Crosse entre deux étoiles. (Pl. V, n. 2? var.) Denier.

Gilles de Sorcy (1253 à 1271).

1190. GILLES AVESKER. Crosse. — ℟. TOVL dans les cantons d'une croix tenue par une main. (Pl. V, n. 4.) 4 variétés. Denier.—B.

Conrad Probus (1271 à 1298).

1191. Buste mitré à gauche bénissant. — ℟. TVLLV. Croix. (Pl. VI, n. 3.) 4 pièces var. Denier.—T.B.

1192. Même pièce, le croissant dernière le saint. 4 pièces var. Denier.—T.B.

1193. Sans légende, même saint.— ℟. TVLLV. Main tenant une crosse. (Pl. VI, n. 1 var.) Denier.—T.B.

1194. Mêmes types. Pièce très rare. Obole.—T.B.

Jean de Sierk (1293 à 1305).

1195. IOHANNES. Buste de l'évêque de face tenant une crosse. — ℟. PETR. Buste de saint Pierre à gauche tenant une clef. (Pl. VII, fig. 3.) 2 pièces variées. Denier.—T.B.

Ces deux pièces pourraient aussi être classées à Trèves.

1196. Même pièce d'un autre style, légendes plus barbares. (*Id.*, fig. 4). Denier.—T.B.

Ces quatre dernières pièces pourraient aussi être attribuées à l'évêque Jean d'Arzillières.

1197. IOHE. Buste barbare à droite. — ℟. ..LLEIS? Édifice. Denier.—B.

1198. IOHANNES. Mître.—℟. TVLLV. Crosse. Denier.—T.B.

1199. IOHES. Buste mîtré à gauche, la droite levée devant une croix. — ℟. DE TOVL. Bande aux trois alérions, sur une crosse. Très rare et inédit. Denier.—T.B.

1200. Sans légende, même buste devant un croissant. — ℟. Le même. Très rare et inédit. Denier.—B.

1201. IOHES. Crosse sur l'écu aux trois alérions —℟. TOVL. Croix coupant la légende. Pièce très rare. Denier.—T.B.

Jean d'Arzilières (1305 à 1320).

1202. IOHANNES EPISCOPVS. Buste mitré de face.—℟. AVE MARIA GRATIA PLENA, et en légende intérieure TVLLENSI. Croix coupant cette dernière légende. Pièce rarissime. AR. Gros.—F.D.C.

1203. IOHANES COMES. Autour d'une croix et en légende extérieure, BNDICTV : SIT NOME. etc. — ℟. TVRONVS CIVIS. Châtel avec croix et une bordure de 12 lys. (Imitation du gros de Philippe le Bel déjà contrefait par son contemporain Ferri IV.) Rarissime. Gros.—T.B.

1204. IOHAN COMES TVLLENS. Cavalier au galop à gauche, armé de toutes pièces, tenant un étendard. — ℟. MONETA NOVA TVLLENSIS EPIS. En légende intérieure. SIGNVM CRVCIS. Croix. (Copie du gros ou plaque de Ferri IV.) Pièce très rare. Gros.—T.B.

1205. IO. HTL. L'évêque debout de face tenant une crosse et le livre des évangiles. — ℟. MONETA. Épée la pointe en bas. (Imitation des petits deniers de Renaud de Bar.) Denier.—T.B.

1206. LIBD ou B. D. LI. Même évêque. — ℟. Le même. 7 pièces. Denier.—F.D.C.

1207. Le même avec B. D. BI. Denier.—T.B.

1208. Le même avec B. D. LIBE. 2 pièces. Denier.—T.B.

Amédée de Genève (1320 à 1330).

1209. TOVL. L'évêque? armé de toutes pièces à droite.—℟. NOCI TEI. Épée la pointe en bas. (Pl. VII, n. 7.) Denier.—F.D.C.

1210. MONETA AMEDEI. Croix fleurdelysée. — ℟. CASTRO LIBO. Grande couronne. Très rare. (Imitation des deniers de billon de Charles IV de France.) Denier.—T.B.

Thomas de Bourlemont (1330 à 1353).

1211. THOMAS EPISCOPVS. Écu de l'évêque dans trois arcs de cercle avec pointes. — ℟. MONETA TVLLENSIS. Crosse en pal accostée de deux écus de l'évêque. (Pl. VIII, n. 1.) Très rare. Double denier.—F.D.C.

1212. THOMAS DEI GRACIA. Tête des esterlins.—℟. EP. TVLLENSIS. Croix coupant la légende. (Pl. VIII, fig. n. 4.) Très rare. Esterlin.

1213. EC. MONETA NOSTRA. Même tête.—℟. TOLLO CIVITAS. Même croix. Pièce très rare. (Pl. VIII. n. 6.) Esterlin.—T.B.

Pierre de la Barrière (1361 à 1363).

1214. PETRVS DE BARRE EP. TVLLI. Écu de l'évêque sur une crosse ℟. BNDICTV SIT, etc. En légende intérieure : MONETA TVLLENSIS. Croix. (Pl. IX, n. 1.) Très rare. Plaque.—T.B.

ÉVÊQUES INCERTAINS DE TOUL.

(Neuchâteau ou **Liverdun)**.

1215. PETRVS. Buste de saint Pierre à droite, tenant deux clefs. ℟. NOVICASTRI. Croix cantonnée de deux croissants et de deux besants. (ROB. Rev. num. 1861, p. 393 et suiv.) 2 pièces. Grand denier.—T.B.

1216. PETR. Buste. — ℟. NOVICASTRI. Château crénelé. (Rob. év. de Toul, pl. n. 4.) 5 pièces 3 variétés. Denier.—T.B.

1217. Même pièce de grand module. *Id.* —T.B.

1218. Même pièce, deux croissants accostent le château. (*Id.*, n. 5.) 2 pièces variées. Denier.—T.B.

Remiremont.

1219. ROMA? ... Buste de saint Pierre à droite, tenant deux clefs. ℟. ..OMA.. Croix pattée cantonnée d'une croisette et de trois besants. 2 pièces barbares. Denier.—B.

1220. PETRVS. Saint Pierre agenouillé à droite, tenant deux clefs. — ℟. ROMARICVS. Croix cantonnée de quatre besants. Denier.—T.B.

1221. Même pièce plus barbare, la croix cantonnée de deux besants, d'une étoile et d'un croissant. 3 pièces. Denier.—B.

1222. Buste de saint Pierre à droite, tenant les clefs. — ℟. ROMARIC. Croix cantonnée de deux lys et de deux besants. 14 pièces, 8 variétés de légendes et types. Denier. — B. et T.B.

Pièces sans légendes trouvées à Sarrebourg.

1223. Évêque assis à gauche, sur un siège, tenant une crosse devant une croix. — ℟. Cathédrale à trois portiques, le clocher accosté de deux étoiles. 3 pièces variées. Denier.—T.B.

1224. Buste d'évêque de face, tenant la crosse et un livre. — ℟. Buste d'évêque à gauche, tenant le globe crucigère. Denier.—T.B

1225. Évêque assis de face, tenant la crosse et le livre. —℟. Dôme de cathédrale surmonté d'une tête de face au milieu de deux tours. Denier.—F.D.C.

ÉVÊQUES DE VERDUN.

Raimbert (?) (1015 à 1039).

1226. .....ERT. Temple.—℟. Légende illisible. Croix cantonnée des lettres O T T O. Pièce très rare. Grand denier.—T.B.

Richard (1039 à 1047).

1227. RICARDVS E. Main bénissante. — ℟. H... EN. Temple. 2 pièces variées. Très rare. Denier.

Thierry (1047 à 1088).

1228. TIEDERICVS EPS. Buste à droite, tenant une crosse. — ℟. VIRDVNVM. Cathédrale ou château avec deux tours. 3 pièces. Denier.—F.D C.

1229. Même pièce d'un autre travail, le monument différent. Grand denier.—B.

1230. TIEDERICVS EPS. Croix cantonnée de quatre besants. — ℟. SCA MARIA. Tête voilée et nimbée de la vierge à droite. 2 pièces. Denier.—F.D.C.

1231. Même pièce, les besants aux extrémités des branches de la croix. 3 pièces. Denier.—F.D.C.

1232. Même pièce, mal frappée. Très rare. Obole.—T.B.

1233. Même pièce sans les besants. Très rare. Obole.—T.B.

1234. TEODERIC EPS, en trois lignes dans le champ. — ℟. MARIA VIRGO, également en trois lignes dans le champ. 13 pièces, 5 variétés. Denier.—T.B. et F.D.C.

1235. Mêmes types. 2 pièces rares. Oboles.—T.B.

1236. TEODERIC EPS. Croix cantonnée d'un besant, quatre autres besants aux extrémités des branches.—℟. VRBS CLAVORV. Dans le champ. S MARIA. 2 pièces. Denier.—T.B.

Richer (1088 à 1107).

1237. RICHERVS EPS. Cathédrale avec deux tours et un dôme. — ℟. MARIA VIRGO. Croix avec besants aux extrémités des branches. 3 pièces. Denier.—T.B.

1238. R. Même légende. Croix posée sur un cercle.—℟. SAMPINIACV. Château avec une tour. 3 pièces. Denier.—T.B.

1239. Même pièce, la croix sans cercle. 2 pièces. Denier.—B.

1240. Même légende. Croix. — ℟. HATTONIS. Même château. Denier.—T.B.

1241. Même légende en quatre lignes dans le champ.—℟. MARIA VIRGO en quatre lignes dans le champ. Denier.—T.B.

1242. Légende barbare, deux tours. — ℟. Légende barbare, croix. 2 pièces. Denier.—B.

Henri I (1116 à 1129).

1243. HENRICVS EPC. Tête à gauche. — ℟. MARIA VIRGO. Croix. Denier.—T.B.

1244. Même pièce, la croix cantonnée de deux besants et quatre autres besants aux extrémités des branches. Denier.—T.B.

1245. Même légende, croix cantonnée d'une étoile et avec quatre besants aux extrémités des branches. — ℟. MARIA VIRGO. Tête de la vierge à gauche. Denier.—B.

1246. Même pièce avec la même croix plus trois besants dans les cantons. Denier.—F.D.C.

1247. Autre variété la croix sans cantonnement. Denier.—F.D.C.

1248. Même pièce. 3 exemplaires. Obole.—B.

Albert I de Marcey (?) (1156 à 1163).

1249. ALBERT? Croix.—℟. S. MARIA. Tête de la vierge à gauche. Denier.—T.B.

1250. ALBERO EPS. Tête à gauche.—℟. SCA MARIA. Grande étoile à quatre rayons, cantonnée d'un point. 2 pièces. Denier.—B.

Henri II de Castres (?) (1181 à 1189).

1251. HENR. Buste de face tenant une croix et une fleur. — ℟.... DVNS. Portail à deux étages. (Attribution douteuse.) Denier.—T.B.

Henri IV d'Apremont (1312 à 1350).

1252. H. EPISCOPVS. Châtel couronné : Bordure extérieure de fleurs de lys.— ℟. SIT, etc. En légende intérieure : MONETA. VIRDVN. Croix coupant la légende. (Imitation des demi-gros ou mailles blanches de Philippe de Valois.) Pièce très rare. Demi-gros.

1253. HENRICVS EPC. Croix fleuronnée. — ℟. MONETA VIRDVN. Dans le champ, REGALIS, en deux lignes. Pièce très rare. (Imitation du royal parisis double de Philippe IV.) Denier.—B.

Thomas de Blamont (1303 à 1305).

1254. T. EPISCOPVS. Gros lys le tout dans un contour de fleurs de lys. — ℟. MONETA NOSTRA. Croix cantonnée d'un lys. BNDICTV SIT, etc., en légende extérieure. Pièce très rare. (Imitation du gros au lys de Philippe VI.) Gros.—B.

Louis, cardinal de Bar (1419 à 1430).

1255. LVDOVICVS CARD BARREN. ADMIST. Écu écartelé de Bar et d'Anjou surmonté du chapeau de cardinal. — ℟. GROS. EP. AT. VIRD. Croix; en légende extérieure : BNDICTV, etc. Pièce très rare. Gros. — T.B.

Louis de Haraucourt (1430 à 1437 et 1445 à 1456).

1256. LVDOVICVS EPS. VIRDVN. Écu du prélat dans trois arcs de cercle. — ℟. MONETA VIRDVN. Croix coupant la légende cantonnée de quatre étoiles. Pièce très rare. Demi-gros.

1257. Même pièce plus belle; mais il en manque un morceau. Demi-gros. — T.B.

1258. LVDOVIC. EPS. VIRD. Écu du prélat. — ℟. Le même; aussi rare. Denier. — B.

1259. LVDOV. EPS. VIRD. Même écu. — ℟. MONE. VIRDV. Même croix. Obole. — T.B.

Nicolas III Psaulme (1548 à 1575).

1260. N. PSAVLME EVESQVE ET COMTE DE VERDVN. Buste de l'évêque à gauche, tenant un livre. — ℟. GECT DES COMPTES DE L'EVESCHE DE VERDV. Écu couronné sur une crosse accosté de 1575. Jeton rare. Cuivre. — B.

Nicolas IV Bousmard (1575 à 1584).

1261. NICOLAS BOVSMARD EVESQVE ET COMTE DE VERDVN, entre filets. Buste à gauche accosté de N B. — ℟. GECT DES COMPTES DE L'EVESCHÉ ET CÔTÉ DE VERDVN. Écu couronné accosté de 1584. Jeton. Cuivre. — B.

Erric de Lorraine (1592 à 1610).

1262. ERRIC. A. LOTH. EPS. ET CO. VIR. Buste à droite. — ℟. FLORENVS AVREVS AN 1608. Écu plein de Lorraine avec lambel, couronné et surmonté d'une mître. Très rare. Ecu d'or. — T.B.

1263. ERRICVS A. LOTH. EPS. ET COM. VIR. Buste à gauche M. — ℟. O-NET. NO. AN. D. 1608 CVSA. Écu comme au précédent, mais la couronne est une cour. de comte. Très rare. Teston. — T.B.

1264. ERRICVS A LOTH. EPS. ET CO. VIR. Buste à droite. — ℟. MONET. NO. AN. DO. 1608 CVS. Écu comme au précédent avec couronne tréflée. Très rare. Quart de teston. — F.D.C.

1265. ERRIC A LOTH. EPS. ET CO. VIR. Même buste à gauche. — ℟. MONET. NO. AN 1608 CVSA. Écu à la bande de Lorraine avec lambel surmonté d'une couronne tréflée. 3 pièces variées. Gros. — B. et T.B.

1266. Même pièce avec 1609. et 1610. 2 var. Gros. — B. et T.B.

1267. ERRIC A. LOTH EPS. ET. C. V. Dans le champ E. surmonté d'une couronne de comte, timbrée d'une mître. — ℟. MONET. NO. A. 1608. C. VI. Écu à bande simple de Lorraine avec couronne de comte le tout sur une crosse. 2 pièces variées. Denier. — T.B.

1268. ERRICVS A LOTHA. EPIS. ET COM. VIRD. 1596. Écu aux armes pleines de Lorraine avec lambel, surmonté d'une mître, le tout sur une crosse. — ℟. LVCERNA PEDIBVS MEIS VERBV. TVVM. Lampe sur un livre. Jeton. 2 variétés. Cuivre. — T.B.

1269. ERRICVS A LOTH. EPS. ET COM. VIR. 1610. Buste à droite. — ℟. IECT DV BVREAV. Écu rond couronné et timbré d'une mître aux armes pleines de Lorraine avec lambrequin. Jeton très rare. AR. — T.B.

1270. Même pièce. 1606. Cuivre. — B.

Charles de Lorraine (1610 à 1622).

1271. CAROLVS A LOT. EP. ET CO. VIRDVN. Buste à tête nue à droite. ℟. FLORENVS AVREVS AN. 1612. L'écu ci-après. (Rarissime pièce, mais mal frappée.) OR florin.

1272. CAROLVS A LOTHARINGIA EPISCOPVS. Même buste. Dessous : IIII. F. — ℟. ET COMES VIRDVNENSIS PR. IMP. Écu de Lorraine avec lambel, une mître et une crosse au dessous de la couronne. Pièce très rare. Grand écu. — F.D.C.

1273. Même légende et même buste. — ℟. ET COMES VIR. PRS. SRI. IMPERI. Même écu. Teston. — T.B.

1274. Même pièce avec IMPERII. Teston. — B.

1275. CAROLVS A LOT. EPS. ET C. VIR. Buste à gauche. — ℟. MONETA NOVA AN 1612. Même écu mais à bande simple de Lorraine avec lambel, 3 pièces. Petit gros. — T.B.

1276. Même pièce. 1613. 2 pièces. Petit gros. — T.B.

1277. CAROLVS A LOTHARINGIA EPIS. Alérion couronné. — ℟. ET COMES VIR. PRS. SRI. IMP. Écusson accolé de Lorraine et Bar avec lambel, sous une couronne. 2 pièces variées. Gros ou double denier. — F.D.C.

1278. Quatre autres variétés de la même pièce.
Gros et double denier.—B. et T.B.

1279. CAROLVS A LOTH. EPVS. ET COM. VIRDV. S. IMPE. PRINC. Buste du cardinal à gauche.—℟. Sans légende. Écu du n. 1272.
Etain doré. 45 mill.—B.

1280. CONCORDIA FRATRVM. Écu aux armes de Lorraine surmonté d'un heaume couronné et de deux mîtres. — ℟. HOC NEXV VINCTI INVICTI. 1617. Deux crosses et une épée. (Ce jeton a été fait pour trois personnages. Charles et son frère Henri, et François évêque de Verdun.) 2 pièces.
Cuivre.—Une B.

Ville de Verdun (?).

1281. Le Seigneur lavant les pieds de ses disciples. Exergue : 1547. — ℟. NISI LAVERO TE NON HABEBIS PARTEM MECVM VIRDVNI FVSA. En six lignes. Bronze. 38 mill.—T.B.

VIII. DUCHÉ DE BAR.

Les numéros cités sont ceux des planches de l'ouvrage de M. DE SAULCY : *Recherches sur les Monnaies des comtes et ducs de Bar*. Paris, 1843, in-4°. 7 planches.

1282. HENRICVS COMES. Croix cantonnée d'un lys aux 1er et 3e. ℟. BARRI DVCIS. Deux bars adossés, au dessus une étoile. (Pl. I. n. 4.) 2 pièces variées. Denier.—Un F.D.C.

1283. Mêmes types et légendes. (Pl. I, n. 3.) Obole.—F.D.C.

1284. H' COMES BARRI. Croix en légende. NOME. DOMINI SIT BNDICTV. ℟. MONETA MONSIONENSIS. Écu de Bar. (Pl. I, n. 7.) Pièce très rare. Gros.—T.B.

1285. H. COMES BARRI. Écu de Bar. — ℟. M. D. LCES DVPLEX. Croix. Pièce très rare et inédite. Denier.

1286. Même pièce avec MOTIONES DVPLEX. Également inédite.
Denier.—F.D.C.

Édouard (1302 à 1337).

1287. ED. COMES BARRI. Châtel, avec bordure de lys. (Ecu de Bar au bas.) — ℟. MONET. S. MICAEL. Croix. En légende extérieure : BNDICTV. SIT NOMEN DOMINI. (Pl. I, n. 10.) Très rare. Demi-gros.—F.D.C.

1288. EDWAR CVENS DE BAR. Tête de face des esterlins. — ℟. MONET. S. MICAEL. Croix coupant la légende cantonnée de 12 besants. Très rare. Esterlin.—B.

Henri IV (1337 à 1344).

1289. H' COMES BARRI. Châtel surmonté d'une couronne. Bordure de fleurs de lys. Au bas : l'écu de Bar. — ℟. MONETA S. MICH. coupé par une croix. En légende extérieure : BNDICTV. SIT NOME. DNI. NRI DEI. (Pl. I, n. 8.) Très rare.
Gros.—F.D.C.

1290. HENRICVS COMES. Gros lys dans un contour de fleurs de lys. ℟. MONETA S. MICH. Croix cantonnée d'un lys. (Imitation du gros au lys de Philippe VI.) Très rare et inédite.
Gros de billon.—B.

1291. HERRIC COMES. Châtel couronné, bordure de fleurs de lys et barbeaux au bas. — ℟. MONETA S. MICH. coupé par une croix pattée avec annelets à l'extr. des branches. Légende extérieure : SIT NOME. DNI. (Pl. I, n. 9.) Très rare. (Imitation du gros à la couronne de Philippe VI.) Gros.—B.

Henri IV et Jean de Bohême.

1292. IOHANNES REX ET HENRICVS COMES. Écu écartelé de Luxembourg et de Bar dans 4 arcs de cercle; au dessus et de chaque côté une couronne, un trèfle aux angles rentrants. ℟. MONETA SOCIORVM. Croix cantonnée de 4 couronnes. BNDICTV, etc. en légende extérieure. (Pl. II, n. 2, variété.)
Grande plaque.—T.B.

1293. IOHANNES ET RE. B. HENRICVS COMES. Même type. — ℟. MONETA DAMVILER. Même type. (Pl. II, fig. 7.) Rarissime. Grande plaque.—T.B.

Godefroy de Dalembrouck.

1295. GODIFRIDVS COMES CHINEIENSIS D. Mêmes types.—℟. MONETA AVIOTHENSIS. Mêmes types et légende extérieure. (Pl. III, n. 2.) Pièce très rare. Grande plaque.—B.

1296. GODEFRIDVS DE LOS COME. Même type. — ℟. MONETA AVIOTHENSIS. Croix cantonnée de quatre couronnes. (Pl. III, n. 3.) Très rare. Tiers de plaque.—B.

Iolande et Édouard II (1344 à 1352).

1297. IOLANDIS FLAD. COMITISSA BARRANCIS. Même écu.—℟. MONETA S. MICHAELIS. Croix cantonnée de 4 couronnes. (Pl. II, n. 4, var.) Très rare. Grande plaque.—B.

1298. IOLAND. ..... Dans le champ. BARI COIT. — ℟. MONETA DVPLEX. Croix à pied fleurdelysée. Inédite. Denier.—B.

1299. IOLANDIS. C. BR. Dans le champ. BRAN CORV, en deux lignes. Denier. — T.B.

1300. YOLEND. COITISA. Dans le champ, BRANCO, en deux lignes surmontées d'une couronne. — ℟. MONETA DVPLEX. Croix fleurdelysée avec pied. Pièce très rare et inéd. Denier. — B.

1301. EDWARDVS COMES BARRANSIS. Écu du n. 1292. — ℟. MONETA S. MICHAELIS. En légende extérieure, SIT, etc. Croix cantonnée de quatre couronnes. (Pl. II, n. 1.) Grande plaque. — B.

Robert (1352 à 1412).

1302. ROBERTVS DVX. Grand lys. — ℟. S. IOHANNES B. Couronne. Jean-Baptiste debout. (Pl. IV, n. 11). OR. Florin. — T.B.

1303. Même pièce en or pâle. OR. Florin. — T.B.

1304. Mêmes types. DVX ROBERTV. Au revers la différence est une tête de lion? couronnée. OR. Florin. — B.

1305. ROBERTVS DVX BARR. Ecusson de Bar penché, surmonté d'un heaume avec panache. — ℟. DEI GRA. ET MARCHIO PONTIS. Croix cant. de roses. (Pl. III, n. 8.). Gros. — T.B.

1306. ROBERT DVX BARR. Même type. — ℟. MONETA S. MICHAELIS. Croix coupant la légende et cantonnée de 4 roses. (Pl. III, fi. 7.) Très rare. Tiers de gros. — T.B.

1307. ROBERTVS DVX BARRENS ET MARCH. Dans le champ deux écussons de Bar, au-dessus et au-dessous une étoile ou tournesol. — ℟. MONETA S. MICHAEL. Croix pattée très ornée et coupant la légende. (Pl. IV, n. 1.) Rare. Gros. — T.B

1308. ROBERTVS DVX BARRENS MA. Écu de Bar dans un écu en losange, la pointe au sommet. — ℟. MONETA. SANCTI MICHAELIS. Croix dans quatre arcs de cercle. Pièce très rare et inédite. Gros. — B.

1309. ROBERTVS DVX. Dans le champ, BAR. — ℟. MONETA MICHAEL. Croix pattée. (Pl. IV, n. 4.) 2 pièces, une belle. Gros. — B.

1310. Même pièce sans grènetis intérieur. Var. inéd. Gros.

1311. ROBERTVS DVX. Dans le champ, BAR, en très grandes lettres. — ℟. BARRI DVCIS. Croix. (Pl. IV, n. 5.) 3 pièces. Denier. — B.

1312. RO. BARRES DVX. Croix. Et en légende extérieure : BNDICTV. SIT NOME. DNI. NRI. DEI IHV. XPI. — ℟. TVRONVS DVCIS. Châtel surmonté d'une couronne. Bordure de fleurs de lys. Inédite. Gros. — T.B.

1313. ROBERTVS DVX. Croix. En légende extérieure : BNDICTV SIT, etc.—℟. TVRONVS CIVIS. Châtel surmonté d'une croix avec bordure de lys. (Pl. V, n. 2.) 2 pièces. Gros.—F.D.C.

1314. TVRONVS CIVIS. Châtel à la croix, les tournelles tréflées. Bordure de lys. — ℟. ROBERTVS DVX. Croix pattée, et en légende extérieure : SIT, etc. Imitation des gros de billon du roi Jean ainsi que les pièces suivantes. Gros.

1315. Variété avec châtel fleurdelysé. (Pl. V, n. 8.) Pièce fracturée. Gros.

1316. ROBERTVS DVX. Croix. BNDICTV, etc., en légende extérieure. —℟. BARRE dans le champ en une ligne. Au-dessus et au-dessous une couronne accostée de deux lys. Le tout dans une bordure de fleurs de lys. (Pl. V, n. 6.) 2 pièces var. Gros blanc. - B.

1317. ROBERTVS DVX. Croix à la queue. 2ᵉ légende : BNDCTV, etc. ℟. TVRONVS CIVIS. Châtel avec couronne. Bordure de lys. (Pl. VI, n. 2.) 2 pièces. (Type du poillevillain du roi Jean.) Gros. — T.B.

1318. ROBERTVS BARRENSIS. Grande couronne, dessous : DVX. — ℟. MONETA DVPLEX. Croix longue à pied fleurdelysée. Pièce très rare et inédite. Double tournois.—F.D.C.

1319. DEI GRACIA. Dans le champ, R couronné dans un contour de lys.—℟. BARRONSIS DVX. Croix. Légende extérieure : BNDICTV, etc. (Pl. VI, n. 6.) Type des blancs de doune de Charles V ainsi que les pièces suivantes. Blanc.—F.D.C.

1320. Même pièce. La légende du revers est BARRENSIS. 2 pièces. Blanc.—B. et T.B.

1321. ROBERTVS DVX. Croix.—℟. TVRONVS CIVIS. Châtel.—Denier.

1322. R...... DVX? Croix. — ℟. BRANCORVM. Châtel. Denier.

1323. ROBERTVS DVX BARRENSIS. Buste couronné à droite, tenant un glaive de la droite, la main gauche élevée. — ℟. MON TDESCOMIV, en légende intérieure. En légende extérieure on lit : BNDICT. SIT NOME. DNI. NPI. XPI. Légendes coupées par une croix cantonnée de 3 besants dans chaque canton. Pièce très rare et inédite. Type des demi-gros du prince Noir. Demi-gros.

Edouard III (1412 à 1415).

1324. MACH PONTIS. Châtel couronné, bordure de 12 lys. —

℟. BARRONS DVX. Croix. En légende extérieure : BNDICTV, etc. (Pl. VII, n. 7.) Très rare. Gros.—F.D.C.

Cette pièce est attribuée par M. DE SAULCY à Robert, mais ce dernier mettait toujours son nom à ses monnaies. — Le contraire a lieu pour Édouard.

1325. BARRENSIS DVX ET MAV. Écusson de Bar. — ℟. SIT NOME. DNI. BENEDICTV. Croix. (Pl. VI, n. 9.) Très rare. Gros.—B.

Louis, cardinal-duc (1415 à 1416).

1326. LVDOVICVS CARD. BARRENSIS. Écu écartelé de Bar et d'Anjou, surmonté du chapeau de cardinal. — ℟. SEM. GROS. VAREN. Croix pattée coupant la légende et cantonnée de bars et de fleurs de lys. En légende extérieure : SIT NOMEN DOMINI BENEDICTVM. (Pl. VII, n. 8.) Très rare. Gros.—T.B.

1327. LVDOVICVS CARD. BARRENSIS. Écu de Bar. — ℟. SIT, etc. Croix cantonnée de deux croisettes pommetées. (Pl. VII, n. 6.) Très rare. Demi-gros.—B.

1328. LVDOVICVS CARD? Dans le champ, BAR. — ℟. MONETA S. MICH. Croix. (Pl. VII, n. 7.) Denier.—T.B.

1329. Même pièce avec LVDOVICVS KAR. Denier.—T.B.

Charles d'Anjou (Prétendant au duché de Bar).

1330. KAROLVS ANDEGAVIE. IHRLM. SICILIE R. Écusson écartelé de de Hongrie, Naples, Jérusalem, Anjou et Bar. Hongrie sur le tout. — ℟. IN HOC SIGNO VINCES. L. Croix de Lorraine. 2 pièces. Demi-plaque.

JETONS DE LA VILLE DE BAR.

1331. IECT DE LA CHAMBRE DE VILLE DE BAR. Écusson de Lorraine plein, couronné ; sur la couronne 1632. — ℟. PLVS PENSER QVE DIRE. Trois pensées. 2 pièces. Cuivre.—T.B.

1332. IECT DE LA CHAMBRE DE VILLE DE BAR. Écu de Bar sur les deux côtés. 1644, 1646, 1650, 1659. 4 pièces. Cuivre.—B. et T.B.

1333. Même pièce et 1659. 2 pièces. AR. —T.B. et F.D.C.

1333 *bis*. CAROLVS IIII. DVX LOTH. Buste à droite. — ℟. IECT, etc. Écu du n. 1328. Daté 1539. Cuivre.—B.

1334. IECT DE LA CHAMBRE DE VILLE DE BAR. Écusson parti de Bar (duché) parti de Bar (ville). Ex. : 1680. — ℟. FECIT VICTORIA NODVM. Faisceau d'armes. Ex. : 1680. 2 pièces. Cuivre.—T.B.

1335. IECT DE LA CHAMBRE DE VILLE DE BAR. Écu de Bar, accosté de 1682. — PLVS PENSER QVE DIRE. Trois pensées. Cuivre.—T.B.

1336. Le même. 1686. Très rare. AR.—F.D.C.

1337. Le même. Cuivre. Autres 1690, 1700. 4 pièces. Cuivre.—B. et T.B.

1338. IECT DE LA CHAMBRE DES COMPTES DE BAR. Écu de Bar avec 1646. — ℟. LVD. XIIII. D. G. FRANC ET NAVAR. REX. Buste lauré à gauche. 2 pièces. Cuivre.

1339. LVD. XIIII. D. G. FR. ET NAV. REX. Buste à tête nue à droite. — ℟. Le même. 1656. 2 pièces. Cuivre.

1340. IECT DE LA CHAMBRE DES COMPTES DE BAR. Écu de Bar couronné accosté de 1656.—℟. DE L'INTEND^CE^ DE M^R^ LE JAY M^E^ DES REQ^S^. Armes des Ligny sous une couronne. Très rare. AR.—F.D.C.

1341. Mêmes légende et écu, sans date.—℟. DE L'INTEND^CE^ DE M^E^ COLBERT DE S^T^ P^GES^ CONS^R^ DESTAT. Écusson avec couleuvre, daté 1658. 2 pièces variées de métal. Cuivre.—F.D.C.

1342. Mêmes légende et écu. ℟. CARO IIII. D. G. LOTH. C. B. G. DVX. Buste à droite. (Buste employé p. le jeton de ville de Bar en 1659.) Cuivre.

1343. GECT DE LA CHAMBRE DES COMPTES DE BAR. Écu de Bar sans date. — ℟. PLVS PENSER QVE DIRE. Trois pensées. 2 pièces. Cuivre.

1344. LVD. XIIII D. G. FR. ET NAV. REX. Buste à droite. 5 variétés. ℟. FECIT VICTORIA NODVM. Faisceau d'armes. Ex. : 1680 ou sans date. 7 pièces. Cuivre.

1345. ORDO NOB. S. HVBERTI BAR. Barbeaux adossés avec quatre croisettes dans le champ. —℟. lisse. 2 pièces de modules différents. Étain.

JETONS DE LA VILLE DE NANCY.

Toute cette curieuse série de Jetons de Nancy aurait dû être placée à la suite du n° 914.

1346. IECT DE VILLE DE NANCI. Écusson arrondi orné aux armes pleines. — ℟. DA. PACEM DNE. IN DIEBVS NRIS. Vue de la ville de Nancy. 3 pièces variées. Cuivre.—T.B.

1347. IECT DE LA CHAMBRE DE VILLE DE NANCY. Même ville. — ℟. NON INVLTVS PREMOR, 1617, 1626. Écusson, armes pleines dans le haut. Dans l'autre moitié, un chardon. 5 pièces variées. Cuivre.

1348. GECT DE LA CHAMB. DE VILLE DE NANCY. Même ville. — ℟. NON INVLTVS PREMOR. 1634, 1635, 1637, 1640, 1643, 1652. L'écu précédent. 11 pièces, 6 variétés. Cuivre.—B. et T.B.

1349. GECT DE LA CHAMBRE DE VILLE DE NANCY. 1660. Armes. ℟. GECT DE LA CHAMB. DE VILLE DE NANCY. Ville de Nancy. Cuivre.—B.

1350. CARO. III. D. G. LOTH. MA. G. B. G. DVX. Buste à droite.— ℟. GECT DE LA VILLE DE NANCY. Mêmes armes. 1663, 1666, 1669. 5 pièces. Cuivre.

1351. CAROLVS D. G. DVX LOTH. MARCH. D. C. B. G. Le duc à cheval à gauche.—℟. Mêmes légende et écu. 1663. 2 pièces. Cuivre.—B.

1352. CAROLVS D. G. DVX LOTH. MARCHE D. C. B. G. Le duc à cheval à gauche. — ℟. GECT DE LA CHAM. DE LA VILLE DE NANCY. Écu simple de Lorraine. 1668. Cuivre.—B.

1353. GECT DE LA CHAMB. DE VILLE DE NANCY. Ville de Nancy.— ℟. NON INVLTVS PREMOR. Écu du n. 1347 sans date. Autres, 1674, 1698, 1699. 7 pièces. AR. et cuivre.—B. T.B. et F.D.C.

1353 *bis*. GECT DE LA CHAMBRE DE VILLE DE NANCY. 1702. Ville. ℟. GECT DE LA CHAMBRE DE VILLE DE NANCY. 1699. L'écu précédent. Cuivre.—T.B.

1354. JETTON DE LA CHAMB. DE VILLE DE NANCY. Ville de Nancy. ℟. NON INVLTVS PREMOR. Même écu sans date ou 1708. 1729, 1733. 9 pièces. AR. et cuivre.—B. T.B. et F.D.C.

Jetons des Échevins de Nancy, etc.

1355. STEPHANVS DE BOSCO. 1561. Écu aux armes d'Étienne du Bois.—℟. NEC MORS NEC VITA sur deux banderolles posées sur deux rames? Cuivre.—F.D.C.

1355 *bis*. QVIES EST MIHI LABOR. Buste à droite. — ℟. GECT DV SEIGNEVR DE VAVVILLER. Écusson des Du Châtelet. 4 pièces. Cuivre.—B. et T.B.

1356. JAN. C. DE SALM B. D. VIR. G. M. D. LORR. G. G. DE NANCY. Buste à gauche. — ℟. GECTZ DE M. LE COMTE DE SALM. 1577. Ecu de Bar. Cuivre.—T.B.

1357. GEORGES DE SAVIGNY. Buste à gauche. — ℟. TOUT PAR AMOVR. 1578. Écu de Savigny. Cuivre.—T.B.

1358. E. DE LIVRON, S. DE BOVRBONNE. G. DE BASSOMPIERRE. Écu parti de Livron et de Bassompierre. — ℟. AD CINERES RECTVSQVE TERESQVE. Obélisque. Cuivre.—T.B.

1359. GECT DE LA VILLE DE NANCY. 1655. Écusson de la ville de Nancy.—℟. L'INTEND^{CE} DE M^{E} LE JAY. M^{E} DES REQ^{S}. Armes de Le Jay. Cuivre. — T.B.

1360. Écusson aux armes de Bayard. (En chef, un léopard passant à gauche, en pointe d'azur à 3 bagues flamboyantes.) — ℟. JETTON DE LA VILLE DE NANCY. Vue de la ville de Nancy. Jeton de A. Bayard, frappé en 1700 Cuivre.—T.B.

1361. C GASP. MARCH. DE LENONCOVRT. Buste nu à droite.—℟. IN HOC SIGNO VINCES. Minerve appuyée sur l'écu de Lenoncourt. Ex. : CALC. NANC. 1710. Cuivre.—T.B.

1362. Armes de Lunaty et de Roquefeuille sous une couronne. ℟. PRO PINCIPE ET PRO ARIS. Suisse debout. Au bas : 1711. Cuivre. – T.B.

1363. Écu de Saulnier et de Thiébaud sous une couronne. Au bas : 1727. — ℟. JETTON DE LA VILLE DE NANCY. Ville de Nancy. Cuivre.—B.

1364. Ecu de Coussey et de sa femme sous une couronne de comte. ℟. Le précédent sans date. Autre, les écus variés et 1729. 2 pièces. Cuivre.—T.B.

1365. Écu aux armes de Lefebvre. —℟. Le même, 1729. Autre sans date. Deux pièces. Cuivre.—T.B.

1366. Écu de Maimbourg et de Lefebvre sous une couronne de comte. — ℟. Le même sans date. Cuivre.—T.B.

1367. VNA STEMATVM GLORIA VIRTVS. Écu de Tornielles et de Bassompierre.—℟. Le même sans date. AR.—T.B.

1368. Écu aux armes de Fleury. —℟. NON INVLTVS PREMOR. Écu de la ville de Nancy, sans date. (Jeton de 1739.) Cuivre.—T.B.

1369. Écu aux armes de Chaumont et de Bergeret sous une couronne.—℟. Le même. (Refrappe d'un jeton sans date de 1770.) Cuivre.—F.D.C.

1370. Écus aux armes de Moulins de la Porte, de Fraucourt.— ℟. Le même sans date. Cuivre.—T.B.

MONNAIES, MÉDAILLES ET JETONS

DES DIVERSES BRANCHES

DES FAMILLES DUCALES ET DE LEURS ALLIANCES.

Jean (cardinal de Lorraine, fils de René II).

1371. IO. CAR. LOTHARINGIA. Buste drapé de cardinal à droite avec son chapeau. — ℟. SIC. ITVR AD. ASTRA. La Vérité debout à droite, tenant un miroir et une couronne; à ses pieds, l'hydre. Médaille rare et d'un très beau style.
Bronze. 50 mill. — B.

Anne, fille d'Antoine (1545 à 1568).

1372. ANNE DE LORRAINE D. DARCHOT ET ORENGES. Écusson en losange mi-parti Orange et Lorraine. — ℟. DA PACE. DNE IN DIEB. NRIS. Croix de Jérusalem, cantonnée de croisettes. Jeton, 2 pièces. Cuivre. — B.

1373. Mêmes légende et écu. — ℟. A CHASCVN SA CROIX ANNO 1555. Même croix. Cuivre. — T.B.

Dorothée (fille de Nicolas. 1575 à 1585).

1374. ERRICVS ET DOROTHEA. Chiffre composé d'un D et d'un E. — ℟. AD. PERP. FŒL. CONNVB. MEMOR. 1557. Deux mains sur un autel, sur lequel on lit : FIDES. Rare et superbe jeton. AR. doré. — T.B.

1375. Revers du précédent. — ℟. LOTHAR DVX. 88. Bras armé. Jeton frappé en 1588. Cuivre.

Charles, évêque de Strasbourg (fils de Charles III).

1376. CAR. CARD. LOTHA. E. AR. L. AL. Écu portant aux 1 et 3 Alsace; 2 parti : Jérusalem et Bar; 4 Gueldres et Juliers. Lorraine sur le tout. 1600. — ℟. RVDOL. II. ROM IMP. AVG. P. F. DEC. Aigle d'Autriche portant au centre 3. Autre avec 1. Gros et demi-gros. 2 pièces. — Groschen.

1377. S. CAROL. CARD. LOTH. EP. ARG. AL. L. Écu id., avec Anjou et Jérusalem au 2e canton, Hongrie et Bar au 3e. 1601, 1604 et 1607. 4 pièces variées. Groschen. — B.

1378. CARO. EPVS ANCON. TYROL. AVEN. Croix cantonnée de quatre alérions. — ℟. CLEMENS VIII PONT MAXIM. 1600 et 1601. Écu aux deux clefs surmonté de la mître et accosté de A. et deux croix de Lorraine. 2 pièces rares. Dixain de billon.

Christine, fille de Charles III.

1379. CHRISTIANA PRINC. LOTH. MAG. DVX HETRVR. Buste à droite.—℟. creux. Bronze. 92. mill.—T.B.

1380. Même médaille, avec 1613. (Peut-être une galvanoplastie.) Argent.—F.D.C.

1381. CHRISTIANA PRINC. LOTHAR. MAG. DVX HETR. Buste à droite. ℟. FRVCTVM LVMENQVE PVDORIS. Épi environné d'étoiles. Bronze. 45 mill.—T.B.

1382. Même légende et même buste. — ℟. SIDERA MEDICEA. Jupiter assis sur les nuages, tenant de la droite un foudre, de l'autre un sceptre, près de lui l'aigle; dans le champ, 4 étoiles. Pièce très rare. Bronze. 39 mill.

Charles, abbé de Gorze (fils naturel de Charles III).

1383. CAROLVS A LOTH. D. ET. S. S. A. G. SVP. DNS. GORZ. A. Buste à droite, accosté de 1630. — ℟. MONETA ARGENTEA GORZIŒ CVSA. Écu plein de Lorraine, barré. AR.—Grand écu.

1384. CAROL. A LOTH. D. ET S. S. A. G. SVP. DNS. GORZIENS. AB. Buste à droite sans date. — ℟. MONETA ARGENTEA GORZIENSIS CVSSA. Même écusson. AR. Grand écu.—T.B.

1385. CAR. A LOTH. D. ET S. S. A. G. SVP. DOM. GO. A. Buste à droite. — ℟. MONETA AVREA GORZ. CVSSA. Même écusson. OR. Double ducat.

1386. CAROL. A LOTH. D. ET. S. S. A. G. SVPRE. DNS. GORZ. AB. Tête à droite, sans date. — ℟. Id. Même écu. AR. Grand écu.—B.

1387. CAR. A LOTH. D. A. ET S. S. A. G. SVP. DNS. GORZ. AB. Tête à droite, sans date.—℟. MONETA NOVA GORZIÆ CVSA. Même écu. AR. Teston.

1388. CAROL. A LOTH. D. ET. S. S. A. G. SVPRE. DNS. GORZ. AB. Buste à droite. — ℟. DONEC. OPTATA. LITTORA TANGAT. Vaisseau se dirigeant vers un port. Ex. : 1630. Rare médaille. Bronze. 42 mill.—B.

1389. CAROLVS A LOTH. ABBAS GORZIENSIS. Écusson plein barré. —℟. HOC ME SIBI TEMPERAT ASTRVM. 1611-1612. Tournesol ; au-dessus : Jehovah lumineux. 2 pièces. Jeton. Cuivre.—B.

Henriette, fille de François II.

1390. HENR. A LOTH. PRIN. PHAL. ET LIX. Tête à droite. — ℟. MONETA NOVA. LIXEI CVSA. 1633. Écusson plein de Lorraine. Très rare. Teston.

1391. SIT NOMEN DOMINI BENEDICTVM. Lion tenant de la droite une épée, posant la gauche sur un écu de Jérusalem. — ℟. MONETA NOVA LIXHENSIS. Écusson plein de Lorraine. Pièce très rare. AR. Escalin.—F.D.C.

1392. NOVA MONETA LIXHENSIS. Écusson plein de Lorraine, couronné et enfermé dans un contour de six arcs.—℟. SIT NOMEN DOMINI BENEDICTVM. 1633. Croix fleuronnée, au centre un alérion. Très rare. Demi-plaque.

1393. HENR. A LOTH. PRIN. PHALS. ET LIX. Écu de France couronné, accosté de deux H sur la couronne. 1633 — ℟. SIT NOMEN DOMINI BENEDICTVM. Croix cantonnée de deux fleurs de lys et de deux couronnes. Douzain.—B.

1394. HENR. A LOTH. PRIN. PHALS. ET LIX. Alérion couronné.— ℟. MONETA NOVA LIXE. CVSA. Écusson plein de Lorraine, sans date. Pièce rare. Petit gros.—T.B.

1395. Mêmes légende et écu. — ℟. Même légende. Écusson parti Lorraine et Bar. 2 pièces. Petit gros. —T.B.

1396. HENRI D. LORR. PRIN. PHALS. ET LIX. Tête à droite. — ℟. DOVBLE TOVRNOIS. 1633, 1634. Champ semé de fleurs de lys. 6 pièces variées. Liard.—Un. T.B.

Charles (fils de Charles V, Evêque d'Olmutz).

1397. D. G. CAROLVS EPISCOPVS OLOMVCENS. Buste à droite. — ℟. DVX LOTHAR. ET B. S. R. I. PR. RE. CA. BO. CO. Écusson. OR. Double ducat.—T.B.

1398. D. G. C. E. O. D. L. E. B. S. R. I. P. R. C. B. C. Même buste. Dessous : $\frac{1}{4}$. — ℟. 1704. Même écu. OR. Quart de ducat.—T.B.

1399. DEI GRATIA CAROLVS EPISCOPVS OLOMACENSIS. Buste à droite. —℟. DVX LOTHAR ET BAR. S. R. I. PCPS. RE. CA. BO. CO. 1704, 1705, 1707. Écusson supporté par deux aigles, etc. 5 pièces variées. OR. Grand écu.—T.B.

1400. Petits écus aux mêmes types, etc. 3 pièces variées. AR. Demi-écu —T.B.

1401. Pièces de VI. III. et I groschen pour Olmutz, Osnabruck et Trèves. 7 pièces variées. Billon.—B.

1402. CAROLVS EXDVC. LOTH. ET BAR. ELECT. ET ARCH. EPS. TREV. EPISCOPVS OSNABRVGE. ORD. MELIT. PERCAST. MAGNVS PRINC. NAT. VIENNÆ 24 N. 1680. DENAT. IBIDEM 4 D. 1715. CVIVS ANIMA DEO VIVAT. En 10 lignes.— ℟. DOMINVS PROVIDEBIT. Écusson plein de Lorraine sur Trèves.
Jeton. AR.—B.

1403. CARL. D. G. ARCHIEP. TREV. S. R. S. PPS. ET ELECT. EP. OSNABRV. ADMIN. PRVMI (en 2e légende). DVX LOTHAR. ET BAR. MAG. CAST. ET LEG. ORD. MILIT. PRIOR. Écu simple de Lorraine sur Trèves. — ℟. NATVS VIENÆ AVST. 24 N. 1680. I. ORD. MELIT. PERCAST. ET LEG. MAG. PRIOR. ELECTVS. EP. OSNAB. 11. AP. 1698. COAD. TREV. 24. SEPT. 1710. SVCCESSIT IN ELECT. 7. IAN. 1711. DENATVS 4. VIEN. 4. DEC. 1715. C. A. D. V. En 10 lignes. Jeton. AR.—F.D.C.

Charles-Alexandre (fils de Léopold).

1404. M. ANNA ET CAROLVS. Bustes jeunes et accolées du duc et de la duchesse. Ex. : SPONSI. — ℟. NEXV ANTIQVO. Écusson. Ex. : MDCCXLIV. VII IANV. AR. 28 mill.—F.D.C.

1405. CAR. HENRI DVX LOTH. S. R. MAI. H. ET. B. DVX BELL. Buste à droite. Au bas : HOLZ HEY FEC.—℟. INVIA VIRTVTIS NVLLA EST VIA. Le Rhin foudroyé par Minerve. Ex. : TRAHCIT IRATO SPVMANTEM VORTICE RHENVM. MDCCXLIV. IVLII II.
AR. 49 mill.—F.D.C.

1406. CAROLVS FVRST VON LOTRINGEN. Buste à droite. — ℟. DIE VBERFART DER RHEIN. MDCCLIV. Soldats passant le Rhin. Médaille barbare. Bronze. 38 mill.—T.B.

1407. CAR. LOR. PR. PERFIDORVM VINDEX. Le prince à cheval. Ex. : MDCCXLIV.—℟. SVBSIDIO BRITANNIE. Ville de Prague assiégée. Ex. : PRAGA RECAPTA. NO. 26 MDCCXLIV. 4 pièces variées également barbares. Bronze. 41 mill.—T.B.

1408. CARL. HENR. DVX. LOTHAR. S. R. MAI. H. ET B. DVX BELL. Buste à droite. Sous le bras : VESTNER. — ℟. AVVS AB ÆTHERÆ CERNIT SE FACTIS CREVISSE TVIS. A droite un palmier chargé de l'écu de Lorraine ; au centre, lion couronné tenant de la droite deux palmes, de la gauche un bâton de commandement. 1743. Bronze. 43 mill.—F.D.C.

1409. THE KING OF PRVSSIA IN DISTRESS. Trois personnages ; au-dessus de l'un P. C. — ℟. PRINCE CHARLES PASSING THE RHINE. Passage du Rhin. Ex. : MDCCXLIV. Fabr. barbare.
Bronze. 40 mill.—B.

1410. CAR. LOT. PRI. PERFIDIÆ VINDEX. Buste de face.— ℞. SVBSIDIO, BRITANNIÆ. Ex. : PRAGA RECVPERATA NO. 26 MDCCXLIV. Ville de Prague assiégée. Bronze. 40 mill. —T.B.

1411. CAR. ALEX. LOTH. ET BAR. DVX. GVB. BELG. Buste à droite. —℞. ILLO MODERANTE CRESCENT. Femme tenant des épis et une corne d'abondance. Ex. : M.DCCLI.
AR. 36 mill.—F.D.C.

1412. CAR. ALEX. LOTH. ET BAR. DVX, GVB. BELG. Buste à droite. ℞. REIPVBLICÆ FŒLICITA. MDCCLI. Vaisseau entrant dans un port. Travail barbare. Bronze. 33 mill.—B.

1413. Même légende et même buste. Dessous : I. B. HARREWYN. —℞. ESSE DAT ET PRODESSE. Attributs du commerce et des arts. Ex. : AVG. M.EC. OB. D. T. M. A. NA. ET HIST. CONS. AN. MDCCLIV. Bronze. 48 mill.—F.D.C.

1414. Même légende et même buste. Dessous : R et 1755. — ℞. LIBERO COMMEATV ADVOCATIS COMMERCIIS. Femme assise tenant un caducée et une corne d'abondance.
Bronze. 34 mill.—T·B.

1415. Même légende et même buste. —℞. INDE OPES. Mercure au-dessus d'une ville traversée par un canal. Ex. : FOSSA LOVANIENSIS MDCCLIII. AR. 33 mill.—F.D.C.

1416. Mêmes légende et buste.—℞. HOC DVCE PROFISIO. Vaisseau sous toutes voiles. Ex. : MDCCLIV. Bronze. 33 mill.—B.

1417. *Id.* Dessous : 1755. — ℞. ADDITVM FIDVS. La Province assise près d'un lion couché. Ex.: ADVENT. CAROLÆ LOTH.
Bronze. 33 mill.—B.

1418. Mêmes légende et buste. — ℞. CONCORDIA AVSTRIÆ ET GALLIÆ. L'Autriche et la France se tendant la main. Ex.: MDCCLVI. Bronze. 33 mill.—T.B.

1419. VOTA ADVATICORVM. Ecusson couronné.—℞. Le précédent.
Bronze. 33 mill.—T.B.

1420. Même légende et même buste. — ℞. PRAGA LIBERATA XXI IVN. BORVSSI CÆSI XXII NOV. Trois couronnes. Au bas : WRATISLAVIA CAPTA XXV. N. 1757. AR. 34 mill.—F.D.C.

1421. Même légende et même buste.—℞. Obélisque sur lequel LÆTITIA PROVIN. Ex.: REDVCI M.DCCLVIII. AR.34 mill.—T.B.

1422. CA. ALEX. LOTH. DVX BELG. PRÆF. Même buste à droite. —℞. COMMEATV RESTITVTO COMMERCIVM ALLICITVR. Les écluses d'un port (1757). Ex. : SLICKENS.
Bronze. 34 mill.—F.D.C.

1423. Même légende et même buste à gauche. — ℞. VTILITATI

POPVLORVM. Ex. : EXTRVCTÆ ET REPARATÆ VIÆ. MDCCLXVI. Trois laboureurs dans un champ bordé d'arbres.
Bronze. 33 mill.—T.B.

1424. CAR. ALEX. LOT. DVX BELG. PRÆF. Buste à droite. — ℞. RESTAVR. OFFICIN. MONET. BRVX. Hôtel des monnaies. Exergue : MDCCLVI. AR. 32 mill.—F.D.C.

1425. Même légende. Buste à gauche.—℞. PACIS ARTES MDCCLXIII. Instruments des arts, des sciences et de l'agriculture.
Bronze doré. 34 mill.—F.D.C.

1426. CAR. ALEX. LOTH. et BAR. DVX. ACAD. REG. ANTVERP. PROT. Buste à droite.— ℞. ARTIS DELINEAT. PREMIVM. L'académie de Belgique sous les traits d'enfants dessinant, sculptant, etc. Métal de cloche. 47 mill.—T.B.

1427. Même pièce, à l'exergue MDCCLXVIIII. AR. 56 mill.—F.D.C.

1427 *bis*. Même légende et buste, avec BRVXELLE VROT.—℞. Le même, avec BRVXELEIS M.D.CCLXVIII à l'exergue. Médaille avec bélière. AR. 47 mill.—F.D.C.

1429. Légende et buste du n° 1422.—℞. PAX PERPETVA BELGIS. Génie tenant par un lien les écus d'Autriche et de France. A droite le lion. Ex. : M.DCC.LX. PRID. NON. OCT.
AR. 33 mill.—F.D.C.

1430. QVAS NVTRIT ARTES. Femme assise appuyée sur un écu de Lorraine et présentant de la gauche une couronne. Ex. : CAROL. LOT. PRIN.— PROTECT. en deux lignes.—℞. EMVLA LAVRI. Palmier accosté de deux écussons. MDCCLX. Ex. ; ACAD. CIV. BRVG. BRAVIVM à dr. Bronze. 41 mill.—F.D.C.

1431. Légende et buste du n° 1422.— ℞. VICTRICIB. SIGNIS FEL. AVG. CONIVNCT. Palmier accosté des écussons de Jérusalem et de Malte. Ex. : ELECT. IN MAG. ORD. TEVT. IV NON MAII MDCCLXI. Bronze. 33 mill.—F.D.C.

1432. CAROLVS D. LOTHARINGIÆ MAGNVS ORDINI TEVTONI MAGISTER. Buste à droite. Ex. : VNANIMI ACCLAMATIONE ELECTVS D. 4 MAY 1761.—℞. GODOFR. D. BVLLIONVM ET LOTHARINGIÆ HIEROSOLIMARVM REX. Godefroy de Bouillon debout, s'appuyant sur un écu parti Jérusalen et Lorraine.
AR. 45 mill.—F.D.C.

1433. Légende et buste du n° 1422.—℞. EXCITATA AGRIC. INDVSTR. L'Agriculture assise près d'un lion tenant des épis.—Ex.: VARIIS DECRETIS M.DCCLXII. AR. 33 mill.—F.D.C.

1431. Même légende. Buste à gauche. — ℞. FELICIBVS AVSPICIIS. Écusson en losange surmonté d'une couronne et d'une croix. Ex. : ABB. FOREST. RENOV. MDCCLXIV.
Bronze. 33 mill.—F.D.C.

1435. Même légende et même buste. — ℞. MATRIS LEVAMEN. Joseph recevant de sa mère le sceptre et la couronne. Ex. : IOS. AVG. IN CONSORTIVM REGNORVM ADCITO. MDCCLXV. Bronze. 33 mill.

1436. Même légende et buste à gauche. — ℞. DEO SOSPITATORI AVGVSTÆ. Femme offrant une couronne au ciel, à ses pieds un lion. Ex. : BELGICA GRATVLABVNDA MDCCLXVII. AR. 33 mill. — F.D.C.

1437. Même légende et même buste. — ℞. QVOD BELGII PÆFECTVRAN, XXV ANNIS, FORTITER HVMANE. PRVD. GESSIT. FODAI BRVXEL CAROLINI SODALES PRINCIPI CARISS. 1769, en 9 lignes. Bronze. 33 mill. — F.D.C.

1438. Même légende et même buste. — ℞. BELGICÆ FELICITATIS SÆCVLVM NOVVM. Génie appuyé sur un obélisque et tenant un écusson sur lequel IMP. AN. XXV. Ex. : BRVXELL. D. XXVI MAR. MDCCLXIX. AR. 33 mill. — F.D.C.

1439. Même pièce avec CAROLVS LOTHARING. DVX. BELG. GVBERNAT. Buste à droite. AR. 33 mill. — F.D.C.

1440. CAR. D. LOTHAR. M. ORD. TEVT. MAG. MAXIMIL. A. A. COADJVT. Deux bustes accolés à droite. — ℞. VINDOB. VII ID. IVL. CIϽIϽCCLV. Le jeune duc fait chevalier par son père devant toute la cour. AR. 50 mill. — F.D.C.

1441. CAROL. D. G. LOTHARINGIÆ MAGNVS ORDINIS TEVTONICI MAGISTER. Buste à droite du duc. — ℞. MAXIM. A. A. ELECT. IN COADJ. ADM. AN. MAG. BOR. GERM. ET ITAL. Buste du jeune duc à droite. Ex. : ACCLAMANT OMN. VOT. III OCT. MDCCLXIX INSIGN. IX JVLI MDCCLXX. AR. 46 mill. — F.D.C.

1442. CAROL. D. LOTHAR. MAG. ORD. TEVTON. MAG. Buste à droite. — ℞. MAX. A. A. L. IN. CO. ADM. M. M. B. G. ETIT. Buste à droite, au dessous : ACCL. OM. VOT. 3. OCT 1769. INS. 9, JVLI. 1770. Jeton. AR. — F.D.C.

1443. CAR. ALEX. LOTH. DVX. BELG. PRÆF. Buste à droite. — ℞. MVNIFICENTIA AVGVSTÆ SCIENT. ET LITT. ACADEMIA REGIA INSTITVTA. BIBLIOTHECA. PVBL. ERECTA BRVX. Au bas : MDCCLXXII. Jeton à 8 pans. AR.

1444. CAR. ALEX. LOT. ET BAR. DVX ACAD. REG. ANTVERP. PROT. Buste à droite. — ℞. OB STATVAS E NIVE CONFECTAS MŒCEN ANTVERP. D. D. MDLXXII. Au-dessus, une couronne; au bas, une main entre deux tours. Le tout dans une couronne de chêne. Bronze. 47 mill. — F.D.C.

1445. Légende et buste du n. 1443. — ℞. MISERATIONIS ET EMENDATIONIS ÆDES PER PROVINCIAS EXTRVCTÆ. MDCCLXXIII. en 7 lignes. Jeton à 8 pans. AR. — F.D.C.

1446. *Id.*, au droit.—MAXIMILIANO AVSTRIACO. BELGICAS PROVINCIAS PERLVSTRANTE. Au bas : MDCCLXXIV. Jeton à 8 pans. AR.—T.B.

1447. Même légende et même buste. — ℟. ANNO JVBILÆI MDCCLXXV. S. P. Q. MECHLIN. Écu couronné sur un faisceau d'armes. AR. 35 mill.—F.D.C.

1448. Même légende et même buste. — ℟. OPTIMO PRINCIPI. Ex. : MDCCLXXV. Statue de face sur une base. Jeton à 8 pans. AR. 35 mill.—F.D.C.

1449. Mêmes légende et buste.—℟. INSTITVENDIS MILITVM FILIIS ET MATRIBVS VIDVIS ALENDIS ÆDES ATTRIBVTÆ ANTVERPIÆ ET MESSINIACI. Au bas : MDCCLXXVI. Jeton à 8 pans. AR.—T.B.

1450. CAROLVS LOTHARING. DVX BELG. GVBERNAT. Buste jeune à droite. — ℟. PRINCIPI OPTIMO ET PIISSIMO QVOD TEMPLI GAVDEMB. PRIMAM LAPIDEM POSVERIT. 17 JAN 1776, en sept lignes. Bronze. 44 mill.—T.B.

1451. CAR. ALEX. LOTH. DVX BELG. PRAEF. Buste vieux du duc à droite.—℟. LITTERARVM STVDIA PER PROVINCIAS INSTAVRATA COLLEGIA ERECTA. MDCCLXXVII, en six lignes. Jeton à 8 pans. AR.—F.D.C.

1452. Même légende et même buste. — ℟. BRVXELLÆ AREIS ET ÆDIFICIIS AVCTÆ M.D.CC.LXXVIII, en 4 lignes. Jeton à 8 pans. AR.—F.D.C.

1453. CAROLVS ALEX. LOTH. ET BAR. DVX. 1778. Buste vieux à droite.—℟. ARTIVM LIBERALIVM TVTELA ET PRÆSIDIVM ACADEMIÆ BELGICÆ. Type du n. 1426. AR. 48 mill.—F.D C.

1453 *bis*. Même légende et même buste. — ℟. GRASSANTE PER PROVINCIAS PERNICIALI MORBO SALVS POPVLORVM PROCVRATO PROVIDENTIA PRINCIPIS MDCCLXXIX. Jeton à huit pans. Bronze.—F.D.C.

1454. D. CAROLO. ALEX. DVX LOTH. ET BAR. Buste à droite. MEMORIÆ ÆTERNÆ. Tombeau. Ex. : MORITVR IV. NON. JVLII MDCCLXXX. AR. 38 mill.—F.D.C.

1455. CAR. ALEX. LOTH. DVX BELG. PREF. Buste à gauche. — ℟. GRATITVDINE PVBLICA ANNO MDCCCXXXXVIII. Statue sur un piedestal. JEHOTTE F. Bronze. 50 mill.—F.D.C.

1456. CAROLVS ALEX. LOTH. D. MAG. PRVSS. ADMIN. ORD. TEVTONODE. Buste à gauche. Dessous : NICOLE.—℟. ANNA CAROLA LOTHO. DVCISS., etc. Buste à droite de la duchesse Bronze. 49 mill.—T.B.

1457. D. G. CAROL. ALE. DVX LOTH. ET BAR. Buste à droite. — ℟. SVP. ADMIN. BOR. ET ORD. TEVT. MAGN. MAG. 1776.

Ecu plein de Lorraine, sur lequel la croix teutonique. Lorr. sur le tout. L'écu supporté par deux aigles. Ex. : X. EINE F. MARCK. Grand écu.—F.D.C.

1458. Mêmes types et légendes. Ex. : XX. E. F. MARCK. 1776. Demi-écu.—F.D.C.

1459. Mêmes types et légendes. Ex. : 2e légende, au revers LX EINE F. MARCK. Tiers d'écu.—F.D.C.

1460. Mêmes légende et buste.— ℞. SVP. MAGIS. IN. BORV. ADMI. ORDI. TEVTO. MAGNVS MAG. Même écusson. Au bas : 1765. OR. Ducat.—F.D.C.

1461. IOSEPHVS ARCHIDVX AVSTRIÆ. Buste à droite. — ℞. BVRGVND. ET LOTHA. DVX. 1755. Ecu de Bourgogne, Lorraine, etc. Bronze. 40 mill.—B.

Anne-Caroline (fille de Léopold).

1462. ANNA CAR. AVG. FIL. LEOP. I. D. LOTH. BAR. ET ELIS. CAR. AVR. Buste à gauche. Signé : M. S. V. (M. Saint-Urbain).— ℞. VIRTVS AVITÆ. Minerve debout. Bronze. 48 mill.—F.D.C.

1463. ADVENTVS. M. ANTONIÆ GALLIÆ DELPHINÆ ET CAROLINÆ LOTHAR. P. en sept lignes dans une couronne. — ℞. AVSPICATO OCCVRSV. Vue d'une ville. Ex. : GVNTIVM XXIX APRI. MDCCLXX. AR. 45 mill.—F.D.C.

1464. Même pièce. Petit module. Jeton. AR.—F.D.C.

1465. CAROLINA PRINCEPS LOTHAR. ET BARI ET NATA DIE XVII. MAII MDCCXIV. Buste à droite. — ℞. PATRIÆ VTRIQVE SVVM. Tombeau. Ex. : SPIRITVM CŒLO VII. NOV. MONT. HAN. CINERES SEPVLCRO AVITO NANC. XXIII DEC. 1773. CAR. FRATRI DESIDERIVM SVI. AR. 43 mill.—F.D.C.

1466. CAROLINA PR. LOTHAR. ET NATA 17 MAII 1714. Buste à droite. — ℞. Mêmes légende et tombeau. Ex. : DECESSIT NOV. 1773. MONTIB. HANAN. Jeton. AR.—F.D.C.

Marie Lesczinska (fille de Stanislas).

1467. LVDOVICVS XV. REX CHRISTIANISSI. Buste à droite. — ℞. SPES MATVRÆ FELICITATIS. L'hymen présentant une couronne à la France. Bronze. 42 mill.—F.D.C.

1468. LVDOVICVS XV. REX CHRISTIANISS. Buste à droite.— ℞. LÆDANDÆ POPVLORVM ANXIETATI. Mariage de Louis XV. Ex. : NVPTIÆ REGIÆ FONTIBELLAQVÆO MDCCXXV. Bronze. 42 mill.—F.D.C.

1469. LVD. XV. FR. ET NAV. REX. MARIA STANISL. REG. FIL. Têtes en regard du roi et de la reine. — ℞. NVPTIALIA

SACRA FON. BELL. Mariage de Louis XV. Ex. : MDCCXXV. AR. 39 mill.—F.D.C.

1470. Mêmes types et légendes. Jetons. 2 p. AR. et Æ.—T.B.

1471. Même p. avec rev. du n°1468. Bronze doré. 42 mill.—F.D.C.

1472. MARIA REGIS STANISL. FIL. FR. ET NAV. REGINA. Buste de la reine à gauche. — ℞. LVDOVICVS XV, etc. Buste du roi à droite. Bronze. 42 mill.—F.D.C.

1473. MARIA LESCIN. FRANC. ET NAVARR. REGIN. Buste de la reine à gauche.—℞. GRATIOR VNA TRIBVS. Les 3 Grâces. Ex. : D. G. SEPT. MDCCXXV. AR. 38 mill.—F.D.C.

1474. MARIA REGIS STANISL. FIL. FR. ET NAV. REGINA. 5 SEPT. 1725. Buste à gauche.—℞. ET HABET SVA CASTRA DIANA. Trophée de chasse. Ex. : MDCCXXV. Bronze. 38 mill.—F.D.C.

1475. LVD. XV. REX CHRISTIANISS. MARIA FR. ET NAV. REGINA. Têtes en regard du roi et de la reine: — ℞. FECVNDITAS AVG. La reine portant deux enfants. Ex. : GEMELLÆ REGIÆ. NATÆ 14 AVGVSTI M.D.CCXXVII. Bronze. 42 mill.—F.D.C.

1476. LVDOVICVS XV REX CHRISTIANISS. Buste à droite.—℞. NOVVM PERENNITATIS PIGNVS. La reine assise avec ses deux enfants. Ex. : DVX ANDEGAVENS. XXX AVGVSTI MDCCXXX. Bronze. 42 mill.—F.D.C.

Série des Jetons.

1478. MARIA D. G. FR. ET NAV. REGINA. Buste de la reine à gauche. — ℞. LVD. XV. REX CHRISTIANISS. Buste du roi à droite. AR.—F.D.C.

1479. MARIA REGIS STANISLAI FILIA FR. ET NAV. REGINA. Buste à droite. — ℞. DABIT ADOLESCERE FRVCTVS. Oranger. Ex. : MAISON DE LA REINE. 1727. Cuivre.—T.B.

1480. Mêmes légende et buste à droite. — ℞. LÆTIOR AFFVLGET POPVLIS. Soleil — étoile. 1726. Cuivre.—T.B.

1481. MARIA D. G. FR ET NAV. REGINA. Buste à gauche.—℞. NEC VOTA FEFELLET. 1730. Vigne. AR.—F.D.C.

Ce jeton, ainsi que tous ceux qui suivent, portent à l'exergue : *Maison de la reine*, et le buste de la reine est toujours à gauche.

1482. Même légende et même buste.—℞. VOCABITVR HIC QVOQVE VOTIS. Autel. 1729. Cuivre.—F.D.C.

1483. *id.* —℞. PROLES GEMINAVIT ODOREM. Lys. 1731. Cuivre.—T.B.

1484. *id.* —℟. FECUNDA IMPLEBIT LVMINE TERRAS. 1732. La terre. Cuivre—F.D.C.

1485. *id.* —℟. QVOT FÆTA CORONIS .1733.Chardon.*id.*—F.D.C.

1486. *id.* —℟. NON STERILIS COMMENDAT HONORES. Oranger dans une caisse. 1734. Cuivre.—F.D.C.

1487. *id.* —℟. DVLCIA VINETA. 1735. Arbres. *id.* —F.D.C.

id. —℟. MAIOR QVO FIRMIVS HÆRET. 1737. Même type. Cuivre.—T.B.

1488. ℟. HINC SVMIT OPES ANIMVMQVE. 1738. Soleil éclairant la campagne. AR.—F.D.C.

1489. ℟. COMES FIDISSIMA SOLIS. 1734. Étoile du matin. Soleil levant. 2 pièces. AR. et Cuivre.—F.D.C.

1490. ℟. FELIX PROLE SVA. 1741. La reine assise avec deux enfants. Cuivre.

1491. ℟. POPVLIS GRATISSIMA SVRGIT. 1742. Constellation du dauphin. Cuivre.—F.D.C.

1492. ℟. MICAT INTER OMNES. 1743. La lune environnée d'étoiles. Au bas la terre. AR.—F.D.C.

1493. ℟. EX VIRTVTE DECVS. 1744. Clefs suspendues à un aimant. Cuivre.—F.D.C.

1494. ℟. SECVNDA HOC SOSPITE. 1745. Vigne. *id.* —B.

1495. ℟. SPEI IAM CERTA FVTVRI. 1746. Palmiers. 2 pièces. AR. et cuivre.—F.D.C.

1496. ℟. NON EX CORONA PRETIVM. 1747. Pavot. Cuivre.—F.D.C.

1496 *bis*. ℟. AVGET FECVNDA DECORVM. 1750. Buisson de rosiers. AR.—T.B.

1497. ℟. NATA CORONIS PROGENIES. 1751. Oliviers repoussant d'une même tige. AR.—T.B.

1497 *bis*. ℟. CŒLIS HÆRET TERRIS LVCET. 1752. L'étoile du matin. Autre, avec FVLGET LVCE sur 1753. 2 pièces. Cuivre.

1498. ℟. TOT LILIA AB VNO. 1754. Lys. Cuivre.—T.B.

1499. ℟. DIGNIOR VNA COLI. 1756. Oliviers chargés de couronnes. Cuivre.—T.B.

1500. ℟. LÆTA NEPOTIBVS. 1757. La reine entourée d'enfants dans des nuages. AR.—T.B.

1501. ℟. QVOT AB VNO LVMINE SOLES. 1750. Soleil se reflétant sur un miroir à plusieurs facettes. Cuivre.—F.D.C.

1502. TOTO SPARGET IN ORBE. 1760. L'Aurore dans son char. — ℟. PACIS AMANS NEC BELLA TIMENS. Coq à gauche. Cuivre.

GUISES.

Claude (1469 à 1550).

1503. CLAVDE DVC DE GVISE. 1544. Tête couronnée à gauche.— ℟. TOVTES POVR VNE. Écusson plein de Lorraine, avec lambel. Très rare jeton. Cuivre.—T.B

1504. CLAVDE DE LORRAINE DVC DE GVISE. Écu de Lorraine aux 6 quartiers. Lorraine sur le tout.—℟. TOVTES POVR VNE. Bras armé. Jeton. Étain.—T.B.

1505. TOVTES POVR VNE. Ecusson plein de Lorraine avec lambel. — ℟. LA ET NON PLVS. Écusson en lozange de Bourbon-Vendôme. Jeton cliché. Étain.

1506. TOVTES POVR VNE. 1574. Écusson parti Lorraine plein parti Bourbon-Vendôme. — ℟. LA ET NON PLVS. Dans le champ, un chiffre composé d'un C et d'un A. (Claude et Antoinette.) Jeton. Cuivre.—T.B.

Charles, cardinal (1519 à 1574).

1506 *bis*. CAROLVS CARD. DE LOTHERINGIA. 1555. Buste à droite, avec bonnet.—℟. lisse. Pièce rare. Étain. 55 mill.—B.

1507. CAROLVS CARDINALIS DE LOTHERINGIA. Buste à droite. — ℟. ORTV CLARVS SINE DOLO. Agneau pascal. Médaille du temps? Bronze. 38 mill.—T.B.

1507 *bis*. La même. Frappe moderne. Bronze. 38 mill.—F.D.C.

1508. VNIVERSITAS REMENSIS. 1756. Écu de Reims traversé par la bande de Lorraine. — ℟. CAROLVS A LOTHARINGIA. FVNDAVIT 1547. Buste du cardinal à gauche. 3 pièces variées. Jeton. AR. et cuivre.—F.D.C.

1509. CAROLVS CARDI. DE LOTH. ARCH. DVX RHEM. Écusson plein de Lorraine, avec lambel, surmonté du chapeau de cardinal avec pendants. — ℟. ADHÆRET ANIMA MEA .... TE. 1571. Champ fruste. Jeton. Cuivre.

Louis, cardinal de Guise (1527 à 1578).

1510. LVDOVICVS CARDINALIS DE GVISIA 1578. Buste à gauche.— ℟. Légende et buste du n. 1507. Frappe moderne.
Bronze. 38. mill.—F.D.C.

1511. LVD., etc. Même buste.—℞. ORTV., etc. Type du n. 1507. Médaille avec bélière. Bronze. 38 mill.

1512. Même pièce. Fr. mod., sans rev. Bronze. 38 mill.—F.D.C.

1513. LVDOVICVS CARDINALIS DE GVISIA. 1578. Buste à gauche.—℞. lisse. Pièce du temps. Étain. 48 mill.—F.D.C.

1514. Même pièce. Frappe moderne. Bronze. 48 mill.—F.D.C.

1515. Même pièce, sans légende. 2 pièces. Bronze. 51 mill.

Marie Stuart (fille de Marie de Lorraine, reine d'Écosse. 1515 à 1560).

1516. MARIA D. G. SCOTOR. REGINA. 1557. Écusson d'Écosse couronné, accosté d'un M et d'un R.—℞. IN VIRTVTE TVA LIBERA ME. 1557. Croix de Jérusalem. (5 schellings variés de dates, frappés pour l'Écosse.) AR.—B. et T.B.

François (1519 à 1563).

1517. FRANCISCVS DVX GVISIVS. Buste armé à droite. — ℞. HÆC TIBI M. TA. Ville de Metz. (Assiégée par Charles V.) Frappe moderne. Bronze. 52 mill.—F.D.C.

1518. Sans légende. Buste avec chapeau et habit de ville à droite. — ℞. lisse. Médaillon ovale de fort relief, coulé. Bronze. 102 mill.—F.D.C.

1519. Buste à droite de François de Guise. — ℞. lisse. (De la collection d'Henneville.) Médaillon ovale de fort relief. 1522. Bronze. 87 mill.—F.D.C.

1520. FRANCOIS DE LORRAINE. Buste armé à droite, sous le bras. — ℞. lisse. Étain. 65 mill.—T.B.

1521. A. D'EST. DVCHESS. DE GEN. ET DE NEMOVRS. Écu entouré de cordons et nœuds. — ℞. SOLVIT ET LIGAT. Nœud. (Anne d'Est. veuve de François.) Jeton. Cuivre.—T.B.

Louis II, cardinal (1555 à 1588).

1521 *bis*. Sans légende. Buste à droite avec chapeau de cardinal. — ℞. lisse. (Cliché pris sur une matrice conservée au cabinet des médailles.) Étain. 48 mill.—T.B.

1522. LVD. CAR. A GVYSIA. ARCH. DVX RHEMENSIS. Écusson plein de Lorraine, surmonté d'une croix et du chapeau de cardinal.—℞. HÆC ARA TVEBITVR OMNES. Colombe déposant la sainte Ampoule sur un autel. 1581, 1584, 1588. 4 pièces. Jetons. Cuivre.—T.B.

Catherine-Marie (duchesse de Montpensier. 1551 à 1596).

1523. CATHERINE DE LORRAINE. Écusson en lozange couronné parti Lorraine plein, parti Lorraine et Montpensier. — ℟. VIRTVTE FAMA PARATVR. Dans le champ 4 C croisés. Au bas, 1578. Jeton. 2 pièces. Cuivre.—B. et T.B.

Henri (1550 à 1588).

1524. HENRI DE LOR. DVC DE GVISE. Buste armé et lauré à droite. — ℟. DISCVTIT VT COELO PAX NVBILA TERRIS. Soleil dissipant les nues. Au fond un laboureur. Frappe moderne. 2 pièces. Bronze et étain. 50 mill.—F.D.C.

1525. QVI TE FAICT FAY LVY. Buste armé à gauche.—℟. lisse. Médaille retouchée au burin. Bronze. 84 mill.—T.B.

1526. H. DE GVISE CONT. D'EV, PAIR DE FRANCE. Ecusson plein de Lorraine entouré du cordon du Saint-Esprit.—℟. C. DE GVIS. CON. D'EV PAIR DE FRANCE. Écusson parti Lorraine et Clèves. 3 pièces variées. Jeton. Cuivre.—T.B.

1527. FLAMMA METVENDA TIRANI. Foudre renversant une couronne et brisant un sceptre. — ℟. TALEM DABIT VLCIO MESSEM. Bras armé fauchant des lys. Médaille ovale de la ligue en argent ciselé. Pièce très rare. AR. 31 mill.

1528. CATHERINE DE CLÈVES DVCHES. D. GVISE. Écu couronné parti de Lorraine et de Clèves. — ℟. POST MORTEM ET SEMPER. 1604. Vigne entourant un arbre mort. Jeton. Cuivre.—B

Louis III, cardinal (1575 à 1621).

1529. LVD. A LOTH. ARCH. DVX RHEMENSIS. Écusson plein de Lorraine surmonté d'une croix.—℟. HÆC ARA TVEBITVR OMENS. 1609. Colombe déposant la sainte Ampoule sur un autel. Jeton. AR.—T.B.

1530. Même pièce. Cuivre jaune. Cuivre.—T.B.

1531. LVDOV. A LOTH. ARCHIEP. DVX RHEM. Écusson *id.*—℟. DEO REGIQVE SACRATVS. 1614. Couronne surmontée du chapeau de cardinal. Jeton. Cuivre.—F.D.C.

1532. LVD. A LOTH. ABB. ST. DIONISII IN FRANC. Écu plein de Lorraine recouvrant une crosse abbatiale. — ℟. DVM MERGOR EMERGO. 1601. Aigle couronné sur les eaux. Cuivre.—T.B.

1532 *bis*. LVDO. CAR. A GVISIA ARCH. D. RHEM. ABBAS CLVNI. Même écusson surmonté du chapeau de cardinal.—℟. HIS ARMIS HÆC ARMA TVEBOR. 1618. Crosse en pal. recouverte d'un écusson chargé de deux clefs. Jeton. Cuivre.

Louise-Marguerite (Princesse de Conti. 1605 à 1631).

1533. F. BOVRB. LVD. MARGARET. LOTH. Buste du prince à droite. —℟. IN OMNEM TER. SON. EOR. Écusson parti Conti et Lorraine. 3 pièces variées. OR florin.—B. et T.B.

1534. F. BORBONIVS. L. MARGARETA A LOTHARINGIA. Bustes en regard sous une couronne. Dessous : XXX.—℟. IN OMNEM TERRAM SONVS EORVM. 1614. Écusson parti Conti et Lorraine. Pièce très rare. Grand écu.—T.B.

1535. F. BOVRBON. LVD. MARGAR. LOTH. Écusson *id.*, acosté de deux L couronnées.—℟. IN OMNEM TERRAM SONVS EORVM. Croix fleuronnée. Quart d'écu.—T.B.

1536. Même pièce. L'écu accosté de L. M. et les armes de Bourbon répétées deux fois. Quart d'écu.—B.

1537. Même légende et écu cerné de deux palmes.—℟. Même légende, croix fleuronnée. 1614. AR. escalin (?).—B.

1537 *bis*. F. BOVRB. LVD. MARGARETA LOTH. Écu de Conti couronné, accosté de 2 L.—℟. IN OMNEM TERR. SONVS EORVM. Croix cantonnée de deux lys et de deux couronnés ou de quatre couronnes. 4 pièces variées. Dixain.

1538. Même pièce, la croix cantonnée de deux F couronnés et deux lys. Dixain.—T.B.

1539. MONETA NOVA ARCH. CHA. Écu de Conti couronné.—℟. Le même. La croix cantonnée de quatre couronnes, accostée de quatre F couronnés. Dixain.—B.

1540. LVD. MARGAR. A LOTH. D. G. SVP. P. C. RE. Écusson couronné, accosté de 1626. — ℟. MONETA ARGENTEA CASTRO. REGINA CVS. Lion tenant une épée de sa droite, sa gauche posée sur l'écu du château Renaud. Pièce rognée. AR. escalin.

1541. LVD. MARGA. A LOTH. SVP. P. C. RO. Écusson. — ℟. MON. NO. AR. CASTRO REGINALDI CVSA. Un paon de face. 2 pièces. AR. escalin. Une B.

1542. LVDOVICA MARGAR. LOT. Écussons accolés de Lorraine et de Bar. Au bas : G.—℟. IN OMNEM TERR. SONVS EOR. Alérion. 6 pièces variées. Petit gros.—T.B.

1543. LVDOVICA MARGARETA LOTH Ecusson lobé aux 1er et 3e cant. lion passant; au 2e, Jérusalem; au 4e, Hongrie. — ℟ SVB VMBRA ALARVM TVARVM. Aigle d'Autriche portant au poitrail un 3. 2 pièces. Gros. - F.D.C.

1544. MONETA NOVA ARGENTEA CHA. Ecu à six quartiers: Gueldres, Hongrie, Lorraine, Aragon, Anjou et Juliers. — ℟. NISI DOMINE. NOBISCVM. EPVS. Aigle d'Autriche. (Pièce d'imitation.) AR. escalin.—T.B.

Charles (1571 à 1640).

1545. CHARLES DE LOR. DVC DE GVISE. Buste à droite. — ℟. DISCVTIT VT CŒLO PHÆBVS PAX NVBILA TERRIS. Soleil dissipant des nuages. Au fond un laboureur. Bronze. 47 mill.—T.B.

1546. CHARLES DE LOR. DVC DE GVISE ET PAIR DE FRAN. Ecusson de Lorraine plein, entouré du collier du Saint-Esprit. — ℟. VERITAS VISV ET MORA. 1600. Colonne lumineuse portant un livre. Jeton. Cuivre.—T.B.

1547. CHARLES D. LOR. DVC DE GVISE PAIR D. FRAN. Écusson plein de Lorraine recouvrant une ancre et soutenu par deux aigles.—℟. SIC ITVR AD ALTA. 1603. Guerrier tenant une femme nue par les cheveux. Jeton. AR.—T.B.

1548. Mêmes légende et écu.—℟. MVLTITVDO PRINCIPVM CORONÆ STABILIMENT. 1613. Trois personnages soutenant une couronne royale. Jeton. Cuivre.—T.B.

1549. Même légende. Ecusson de Lorraine plein adossé à un manteau ducal et soutenu par deux aigles. La couronne de l'écusson est surmontée d'un heaume timbré d'un aigle. —℟. LVCENT LVCENTE DIANA. 1620. Lune et étoiles. Jeton. 2 pièces. Cuivre.—B.

Henri II (1614 à 1664).

1550. HEN. DE LOREN. DVX REIP. NEAP. Écusson portant en travers une bande avec S. P. Q. N.—℟. S. I. REGE ET PROT. NOS. 1648. Buste de saint Janvier sur les nuages. 3 pièces variées. AR.—Teston.

1551. HEN. DE LOR. DVX REI. N. Même écu.—℟. PAX ET VBERTAS. 1648. Faisceau d'épis et d'olivier en sautoir. 11 pièces variées. 2 tornesi.—B. et T.B.

1552. Mêmes légende et écu.—℟. HINC LIBERTAS. 1648. Panier de fruits. 5 pièces variées. 2 tornesi.—B. et T.B.

1553. Mêmes légende et écu. — ℟. LETIFICAT. Grappe de raisin. Pièce rare. Tornesi.—T.B.

GUISE MAYENNE.

Charles (1554 à 1611).

1554. VNIONIS SANCTŒ VOTVM HIS ARMIS. Armes pleines de Lorraine couronnées, surmontées d'un autel que soutiennent deux mains sortant des nuées, et chargé d'un vase de fleurs. — ℟. CONSILIOQVE PATRIÆ NITITVR. 1593. Champ semé d'hermines. (Les deux légendes n'en font qu'une.) Jeton. 2 variétés. AR.—T.B.

1555. CATH. DE LORRAINE DVCH. DE NIVERNOIS. Écusson écartelé de Lorraine plein et nivernais. — ℟. SERVAT DATAM. 1508-1611. Deux mains croisées sous un Jehovah lumineux. 3 pièces. Jeton. Cuivre. - Un F.D.C.

Henri (1578 à 1621).

1556. HENRICVS A LOTHARINGIA. Écusson plein, avec lambel. — ℟. OLLI CŒLESTIS ORIGO. Oiseau de paradis? volant vers le ciel. Jeton. Cuivre.

GUISE AUMALE.

Claude (1526 à 1573).

1557. Sans légende. Buste du duc à gauche.—℟. lisse, médaille ovale. Pièce très rare. Bronze. 53 mill.—T.B.

Antoinette-Louise (abbesse de Notre-Dame de Soissons).

1558. LOVISE DE LORRAINE ABESSE DE SOISSONS. Écusson écartelé de Lorraine plein et de Bourbon-Vendôme. — ℟. LVMEN RECTIS. 1598. Pyramide environnée de flammes. Jeton. Cuivre.—T.B.

Charles (1558 à 1618).

1558 *bis*. C. DE LORRAINE. D. D'AVMALLE. P. DE FRANCE. Écusson écartelé de Lorraine plein et Bourbon-Vendôme.—℟. FACTIS NOMEN. 1576. Renommée. Jeton. Cuivre.—B.

Claude de Lorraine, abbé du Bec (1563 à 1591).

1559. CLAVD. LOTHARAN. AVMAL. ABB. DE BECCO HELVINI. Écusson de Lorr. Aumale adossé à une crosse cernée de lauriers. — ℟. SIC FIXA FIDES. 1583. Vaisseau au mouillage. Jeton. Cuivre.

Anne, demoiselle d'Aumale (duchesse de Nemours).

1559 *bis*. CHAMBRE DES COMPTES DE GENEVOIS. Ecusson couronné cerné d'une corde avec nœuds. — ℟. MATRIS VIRTVTE TVENTVS. 1635. Aigle défendant ses petits contre un serpent. 2 pièces. Jeton. Cuivre.—B.

GUISE ELBEUF.

Charles, marquis (puis duc. 1556 à 1605).

1560. CHARLES DE LORRAINE MARQVIS D'ELBEVF. Écusson plein de Lorraine avec lambel. — ℟. RORE ET CŒLESTI POSSINT ADOLESCERE FLAMMA. Soleil éclairant un buisson de roses. 2 pièces. Jeton. Cuivre.

GUISE ARMAGNAC.

Henri (comte d'Harcourt et d'Armagnac. 1601 à 1666).

1561. H. DE LORR. CO D'HARCOVRT. Buste à gauche. — ℟. GRAND ÉCVYER DE FRANCE M. 1666. Sur un tombeau, au bas, un guerrier couché. (Série Dassier.) Médaille. Bronze. 27 mill.—F.D.C.

1562. H. DE LORRAINE C. DE HARCOVRT P. ET GR. Buste à droite. — ℟. PLVS PENSER QVE DIRE. 3 pensées. Bronze. 27 mill.—F.D.C.

1563. HENRI DE LORRAINE COM. DE HARCOVRT. C. D. ORD. D. ROY G. ESC. DE FR. Écusson plein soutenu par deux aigles. — ℟. SOLI IOVI. 1641. Aigle Jeton. AR.—F.D.C.

1564. Chiffre composé de C.D.L.—℟. Croix de Lorraine avec les épées de grand écuyer. Jeton à 8 pans. Cuivre.—F.D.C.

MERCŒUR (Nicolas).

1564 *bis*. NICOLAS A LOTHARINGIA. Buste à droite. — ℟. VIDEBIT ...DEVS PRO. 1564. Écu couronné Jeton. 2 pièces. Cuivre.

Louise (femme de Henri III de France).

1565 LODOICA LOTHARÆNA REGINA FRANC. Buste de la reine à

gauche. — ℞. HENRICVS III. D. G. FRANCORVM ET POL. REX. Buste à droite lauré, drapé et couronné de Henri III.
Bronze doré. 43 mill. — F. D. C.

1566. Même pièce. Frappe moderne. Bronze. 43 mill. F. D. C.

1567. Même légende et buste de la reine. — ℞ IMAGO TALIS. ALEXANDRI, etc. Le roi à cheval à gauche. Frappe moderne.
Bronze. 43 mill. — F. D. C.

1568. Même légende et même buste. — ℞. FŒDERE CVM HELVETIIS ET RHAETIS RENOVATO en 7 lignes dans une couronne d'olivier. Au bas : MDLXXXII. Frappe moderne.
Bronze. 43 mill. — F. D. C.

1569. LOISE P. L. G. D. D. R. DE FRAN. ET POL. Écusson parti France et Lorraine. — ℞. AMOR AQVAT AMANTIS. 1576-1578. Deux plumes. Jeton. 3 pièces. Cuivre. — B. et T. B.

1570. Mêmes légende et écu. — ℞. ASPICE ET ASPICIAR. 158. Soleil au dessous d'un autel. Jeton. Cuivre. — B.

1571. Mêmes légende et écu. — ℞. TOTVM MVNERIS HOC TVI EST. 1584. Deux ancres en sautoir. Jeton. Cuivre. — T. B.

1572. Mêmes légende et écu. — ℞. ARDOREM EXTINCTA TESTANTVR VIVERE FLAMMA. Langues de feu tombant sur la mer. Jeton. Cuivre. — B.

Charles (cardinal de Vaudemont, évêque de Toul et de Verdun).

1573. CARO. A. LOTHAR CARDI VADEMOTANVS. Armes pleines de Lorraine surmontées du chapeau de cardinal. — ℞. MERITO DEFENDO TVENTEM, sur une banderolle qui environne un château posé sur un rocher. Jeton. Cuivre. — B.

MERCŒUR-CHALIGNY.

Henri I.

1574. HENRICVS LOTHARINGICVS MARCHIO MOY. Écusson plein de Lorraine. — ℞. FLVCTVO NON MERGOR. 1627. Figure sur un Dauphin. Jeton. Cuivre. — T. B.

DU CHATELET

Nicolas.

1575. MONETA NOVA DNI SVP. VVLSIS. Écusson. — ℞. QVIES EST MICRI LABOR. 1556. Croix fleuronnée. 2 pièces.
AR. Plaque. — B.

1576. MONETA DN. DE VAVVILLARIO. Croix fleuronnée. — ℟. SIT LAVS DEO ET GLORIA. Écu de Duchatelet surmonté de 1555. Rare pièce mais trouée. AR. Gros.—T.B.

1577. NIC. DV CHAS. SVP. VVL. Dans le champ, chiffre formé d'un N et d'un D. — ℟. SIT LAVS DEO ET GLORIA. Croisette évidée. Liard.

1578. NICOLAVS DV CHATELET. Château. — ℟. SIT LAVS DEO ET GLORIA. Croix fleuronnée. 2 pièces variées Petit gros?

1579. MO. DNI DE VAVVILLEV. Tête casquée à gauche.—℟. SIT LAVS DEO. 1553. Croix coupant la légende et portant au milieu un écu avec châtel. 2 pièces. Petit gros?—B.

1580. NIC. DV CHAS. SVP. VVSI. 1555. Écu de Duchâtelet.—℟. SIT LAV. DEO ET G. coupé par une croix portant l'écu de Lenoncourt Gros.—T.B.

1581. REDDE RATIONEM MANDATI TVI. 1585. Au centre : N.D. comme au nº 1577. Sur un listel on lit : ESPOIR DE MIEVLX. — ℟. FRAVS VIRTVTE PERIS. 1586. Champ fruste. Jeton. Cuivre.

1582. ADHVC SPES DVRAT AVORVM. Écu des Duchâtelet soutenu par deux griffons. — ℟. HAV. DE GENER. ORTV. Aiglon s'élançant vers le soleil. Jeton. Cuivre.—B.

D'APREMONT.

1583. JOS. GOB. COM. IN ASPERM. ET RE. Écusson. — ℟. CAROLVS VI. R. I. S. A. 1720. Globe. Gros de billon.

DE CHOISEUL.

1584. Écu de Choiseul sur une crosse.—℟. SVPERANDA FERENDO EST, entouré d'un chapelet, au milieu d'un écu cerné de palmes. Jeton d'abbé ou d'abbesse. Cuivre.—T.B.

1585. Écu écartelé de Choiseul Stainville supporté par deux sauvages. — ℟. lisse. Cliché en étain d'un jeton. Étain

ALLIANCES (Appendice).

Louis de Poitiers (Louis-Gaston).

1586. Écusson écartelé de Poitiers et de Lorraine, Aumale. — ℟. Chiffre composé de L et de G posés sur un écusson rond adossé à un manteau. Jeton à 8 pans. Cuivre.—F.D.C.

1587. LEO. DE GESVRES P. P. ARCH. BITVR. Buste à droite. — ECCE MANVS DOMINI SVPER NOS. Écusson couronné aux armes de Louis de Poitiers surmonté d'un chapeau de cardinal avec pendants. Ex. 1694. Bronze. 28 mill. — F.D.C.

1588. C. I L. DE FAVCON DE RIS. Faucon de face. — ℟. Écussons accolés soutenus par deux lions lampassés. Jeton à 8 pans. Cuivre. — T.B.

LIGNY, SAINT-POL ET SERAIN.

Walerand II (1304 à 1353).

1589. GVALERANNI DIS DE LINI. Cavalier à gauche. — ℟. MONETA NOVA SERENENSIS. En lég. int. : SIGNVM CRVCIS. Croix. Gros. — F.D.C.

1590. GVALER. DE LVSENH. Tête des esterlins. — ℟. MONETA SERENE. Croix coupant la légende et cantonnée de 12 besants. (Peut-être de Walerand III.) Esterlin. — B.

Jean (1353 à 1364).

1591. IOH. DE LVCENBOVR. DO. DE LINEI. Lion à queue fourchue à gauche, portant l'écu au lion. — ℟. MONETA NOVA ELINCOVRE. Croix coupant la légende et cantonnée des lettres L. V. C. B. Gros ou plaque.

1592. Mêmes légendes et types. 2 pièces. Demi-gros. — B.

1593. Mêmes légendes et types. Quart de gros. — T.B.

Gui (1364 à 1415).

1595. GVIDO DE LVCEMBOVRV COMES DE LINI ET S. PAV. Croix fleuronnée dans quatre arcs de cercle. — ℟. IOHANNES LVCAS MARCVS MATEVS. Cavalier au galop à gauche (type des francs à cheval du roi Jean). Pièce rarissime. OR franc à cheval.

1596. G. DOMINVS DE LYNI. Tête des esterlins. — ℟. MONETA SERENE. Croix coupant la légende cantonnée de 12 besants. 2 pièces. Esterlin. — B. et F.D.C.

1597. Variété avec MONETA SERAIN. 4 pièc. var. Esterlin. — T.B.

1598. GVIDO DE LVCENBOVRE COS. DE LINI. Le comte debout sous un portail, tenant de la droite un sceptre, de la gauche une épée. — ℟. XPE VINCIT. XPE REGNAT. XPE IMPERAT.

Croix fleuronnée, cantonnée d'une fleur de lys aux 2e et 4e, d'une couronne aux 1er et 3e. Le tout dans un contour formé de 4 arcs et de 4 angles saillants. Très rare. OR franc à pied.

1599. GVIDO DE LVCEN. COMES DE LINI. Lion heaumé dans un contour formé de 18 petits arcs de cercle. — ℟. MONETA D. ELINCORT. Croix pattée coupant les deux légendes. BENEDICT. Q. VENIT. I. NOMINE DI. 2 pièces.
Demi-plaque.—Une T.B.

1600. GVIDO DE LVCEMBOVRV. Lion à gauche. — ℟. MONETA DE LVCEMBOVRT. Croix pattée, cantonnée d'un lys et d'une couronne. Denier de billon.

Waleran III.

1601. WALERADDI GA. COM. DE LINEIO. Le duc couronné debout sous un dais, tenant l'épée et le sceptre. — ℟. XPE. VINCIT. XPE. REGNAT. XPE. IMPERAT. Croix fleuronnée comme au n. 1598. OR franc à pied.

1602. WALERANVS COMES. Croix en légende extérieure. BNDICTV SIT NOME DNI. NRI. DEI IHV. XPI. — ℟. TVRONVS CIVIS. Châtel, dans une bordure de fleurs de lys. Gros.—T.B.

1603. LINNIENS S CIVIS. Croix et légendes extérieures. BNDICTV. SIT., etc.—℟. TVRONVS CIVIS. Châtel dans une bordure de fleurs de lys. Gros.—T.B.

1604. DEI GRATIA autour d'un double W couronné, le tout dans une bordure de fleurs de lys. — ℟. DE LINEI COMES. Croix, et en légende extérieure. BNDICTV. SIT, etc. 2 pièces.
Gros de billon.—B.

1605. DEI GRACIA. Dans le champ grand V accosté de deux lys sous une couronne, bordure de fleurs de lys.—℟. DE LINEIO COMES. Croix pattée ; en légende extérieure : BNDICTV, etc.
Gros de billon.

1606. WALERRANDVS. Légende coupée par une croix pattée. En lég. ext. : BNDICTV. SIT, etc. — ℟. MONETA SEREN. Lion à queue fourchue à gauche, le tout dans un contour de fleurs de lys. Gros de billon.

1607. WALERANDVS DEI GRA. COM. DE LINEIO. Lion heaumé du n. 1599. — ℟. Celui du même numéro. Très rare.
Demi-plaque.—B.

Philippe de Brabant (petit-fils de Waleran III, par Jeanne sa fille).

1608. PHS. BRAB. COM. LINEI ET SANCTI PAVLI. Deux écus dans

huit arcs de cercle. — ℟. MONETA BRABANTIE. Croix cantonnée de deux lys et de deux lions en légende extérieure. SIT NOMEN DOMINI BENEDICTVM. Plaque.

Léon d'Albert (seigneur de Brantes, gendre et héritier de Henri. 1616 à 1630).

1609. LEO. LVXEM. DVX. PIN. PAR. FR. VEL. REG. CVS. PRÆF. 1627. Cavalier à droite. — ℟. IMPAVIDVS GALLIS ASTAT. Écusson de Luxembourg entouré du collier du Saint-Esprit Jeton. Cuivre.—T.B.

François-Henri de Montmorency-Luxembourg (mari de Magdaleine de Clermont-Tonnerre. 1680-1695).

1610. LE MARESCH. DE LVXEMBOVRG. Buste à gauche.— ℟. Guerrier couché sur un faisceau d'armes, appuyé à un tombeau sur le socle duquel on lit : DVC DE PINCY. M. 1695. (Médaille de Dassier) Bronze. 27 mill.—F.D.C.

LOOS ET CHINY.

Thierry, comte (1336 (?).

1611. DEORIC COMES. Grand lys.—℟. S. IOHANNES B. Saint Jean-Baptiste debout. Dans le champ un aigle éployé. OR florin.—T.B.

SALM (Salm-Salm).

Jean IX (grand-maréchal de Lorraine. 1548 à 1600).

1612. IO. COMES A SALMIS. ANNO ÆTATIS 42. Buste cuirassé à gauche. — ℟. AFFECTVS VIRTVTE SVPERANTVR. Hercule abattant l'hydre. Belle et rare médaille. Bronze. 53 mill.—T.B.

1613. IOHANNES COMES A SALMIS. Buste à gauche. Sous le bras : 1596 —℟. EN SVMMA LAVS SOCIIS EMISSA COLV SVIS. Écu de Salm surmonté du haubert adossé au manteau. Le tout sur un faisceau d'armes. Très rare et belle pièce. AR. 32 mill.—T.B.

1614. IAN. C. D. SALM. B. D. VIR. G. M. D. LORR. G. G. D. NAN. Buste à gauche. — ℟, GECTZ DE M. LE CONTE DE SALM. 1577. Écu de Salm couronné. Jeton rare. Cuivre.—B.

1615. OR. Écu environné de gros points et chargé mi-parti d'un lion et de deux saumons. Bractéate en losange sur flanc épais. Pièce de nécessité (?), ainsi que les trois numéros suivants. AR.—F.D.C.

1616. OR. Même écu. Bractéates concaves. Deux modules différents. AR. et billon.—T.B.

1617. AR. AH. AHR Même écu. Les croisettes entre les saumons ont le pied fiché. 3 pièces variées. Billon.—T.B.

1618. AR. ou AHR. Deux écussons arrondis, un peu entre-croisés. Les deux écussons sont posés sur un socle (?). L'écusson de gauche porte un lion, et celui de droite deux saumons. 2 pièces variées. Billon.—T.B.

Othon (comte, puis prince 1634).

1619. OTTO. CO. SIL. ET RHE. CO. IN SAL. Écussons du numéro précédent.—℟. RVDOL. II. RO. IMP. AVG. P. F. DE C. L'aigle d'Autriche portant 3 dans un cercle. Billon.—B.

Léopold (fils du précédent. 1634 à 1663).

1620. LEOPOLD. D. G. PRINC. SAL. COM. RHIN. Buste drapé à droite. —℟. MONETA NOVA BAD. CVSA. 1641. Écu couronné et écartelé de quatre lions. Salm sur le tout. Rare. Teston.—F.D.C.

1621. Même pièce trouée, conservation ordinaire. Teston.

SALM-DAUN.

Wolfgang-Frideric (1606 à 1637).

1622. CVRATEL. RHEIN GRAF. DAVN. Écu du n° 1618.—℟. RVDOLPHVS 2 ROM. IMP. SEMP. AVG. L'aigle du n° 1619. Billon.—B.

1623. CVRATELLA DAVNEM. COMITVM. 1617. Écu aux quatre lions. Sur le tout, écu écartelé, aux 1er et 3e d'un lion, au 2e de Salm (?), au 4e d'une fasce. Teston (?).—T.B.

1624. MON. RHEINGR. DAVNENSIVM. Même écu.—℟. FERDINAN. II ROM. IMP. S. A. Aigle d'Autriche portant au centre un cercle. Teston (?).—T.B.

SALM-KIRBURG.

Frédéric III.

1625. FRID. D. G. PR. A SALM. KYRB. COM. RH. ET SYL. Tête nue à droite. — ℟. AD. NORMAM. CONVENTIONIS. 1780. Écu adossé au manteau et soutenu par deux sauvages, écartelé des rhingraves, par-dessus l'écu de Salm-Kyrburg. 1. Kirburg. 2. Salm. 3e.... 4. Vistingen. Grand écu.—T.B.

1626. Même pièce. 1732. L'écu sans le manteau, cerné de deux palmes. Grand écu.—T.B.

SALM-REIFERSCHEID.

François.

1627. FRANC. D. G. EP. ET PRINC. GVRC. ANTIQ. COM. DE SALM REIFERSCHEID. Buste à droite du cardinal. Au bas: CONNER. ℟. IN TE DOMINE SPERAVI. 1801. Écu du n° 1625, surmonté du chapeau de cardinal, crosse et épée derrière le manteau. 2 pièces. Grand écu.—F.D.C.

LINANGES (seigneurs de Dabo).

Louis.

1628. LVD. CO. I. L. E. R. D. I. W. S. E. F. S. R. I. S. L. Buste à droite.—℟. DER. RECH. CLA. IA. EW. LA. Écu de Linange aux 1 et 4 aigles, 2; deux truites; 3, croix. Teston.—F.D.C.

1629. LVD. C. I. LE R. D. I. W. S. E. F. S. R. I. S. L. Même écu. ℟. RVDOL. II. RO. IMP. S. A. Aigle d'Autriche portant un cercle avec 3, et 5 autres pièces de billon variés. Billon.

PERSONNAGES CÉLÈBRES.

Jeanne d'Arc.

1630. IANA LOTHARINGA DIGNA HEROINA LIBERATRIX AVRER. Buste casqué à droite, un C sur le casque. — ℟. lisse, très belle médaille de la Renaissance. Bronze. 84 mill.

1631. Sans légende. Buste de Jeanne d'Arc de trois quarts à gauche, une toque à plumes sur la tête, comme au n° 1639. Médaillon ovale renaissance. Bronze. 57 mill.—T.B.

1632. A IEANNE D'ARC. MONVMENT RETABLI L'AN XI DE LA RÉPVBLIQVE. Statue, sur le socle, à Jeanne d'Arc. Dans le champ, I. M. CHAPTAL. MTRE DE L'INTR I. P. MARET PREFET ET C. CRIGNON DESORMEAUX MAIRE. E. GORSE FILS INV. DVPRÉ SCVLPT.—℟. NAPOLEON BONAPARTE PREMIER CONSVL DE LA REP. F. Buste à droite. Bronze. 54 mill.—F.D.C.

1633. IEANNE D'ARC. Buste, tête nue à gauche. — ℟. dans le champ : NÉE A DOMREMY EN MCCCCXI. MORTE EN MCCCCXXXI. Bronze. 42 mill. — F.D.C.

1634. IOHANNÆ DARC NATALIS LOCVS. Monument. Ex. : CONSECRATVS EX EDICTO MDCCCXX. — ℟. LVDOVICVS XVIII, etc. Tête à droite. Argenté.

1635. LE 8 MAI 1470 ELLE SAUVA ORLÉANS, etc. Statue de Jeanne d'Arc. — ℟. HOMMAGE A IEANNE D'ARC. DÉPUTATION DE LA VILLE D'ORLÉANS A DOM-REMY, etc. 1829. Bronze. 55 mill. — F.D.C.

1636. A LA MEMOIRE DE IEANNE D'ARC. 400 ANS APRÈS LA DÉLIVRANCE D'ORLÉANS. X. ANNÉE DU RÈGNE DE CHARLES X. Couronne. — ℟. ACHÈVEMENT DE SAINTE-CROIX. Cathédrale. Ex. : LA PROCESSION DE LA PUCELLE SORT PAR LE PORTAIL 8 MAI 1829. Étain. 63 mill. — T.B.

1637. POVR LA MAISON DE VILLE D'ORLÉANS. Femme tenant des grappes de raisins et des épis d'une main, appuyée de l'autre sur l'écu de la vllle. Ex. : AVRELIA. — ℟. A. DOMINO FACTVM EST ISTVD. 1600, 1608, 1629. Le roi et la pucelle à genoux aux côtés d'une croix. Jeton. 4 pièces. Cuivre.

1638. POVR LA MAISON COMMVNE D'ORLÉANS Ecu de la ville. — ℟. Même légende. 1605, 1629. Jeanne d'Arc et le roi à genoux près du Christ et de la Vierge. 2 pièces. Jeton. Cuivre.

1639. IEANNE D'ARC. 8 MAI 1429. Buste à droite avec une toque à plumes. — ℟. CONGRÈS MUSICAL, ORLÉANS 8 MAI 1837, dans une couronne. Bronze. 45 mill. — F.D.C.

1640. STATVE DE IEANNE D'ARC. Statue. — ℟. MARIE D'ORLÉANS, DVCHESSE DE WVRTEMBERG. Tête de la duchesse à droite Bronze. 50 mill. — F.D.C.

1641. Même pièce, plus petit module. 2 exempl. Bronze, 24 mill. — F.D.C.

1642. IEANNE D'ARC. Buste à droite avec toque à plumes. — ℟. MEDAILLIER GENERAL, etc. Pièce coulée. Bronze. 42 mill.

1643. INAUGURATION DE LA STATUE DE IEANNE D'ARC A ORLEANS SVR LA PLACE DU MARTROI LE 8 MAI 1855. Statue équestre de Jeanne d'Arc. — ℟. CAVALCADE AUX FLAMBEAUX A L'OCCASION DE L'INAUGURATION DE LA STATUE DE IEANNE D'ARC. La cathédrale d'Orléans. Étain. 65 mill.

PERSONNAGES CÉLÈBRES LORRAINS.

1644. FR. A. BASSOMPIERRE FRANC. POLEM. GLISS. HELV. PRÆF. Buste à droite. — ℟. QVOD NEQVVNT SIDERA PRÆSTAT. Phare. Ex. : 1633. Bronze. 53 mill.—T.B.

1645. LVDOVICO MAGNO COMITIA OCCITANIÆ INCOLVMI VOVERE EX OCVLIS SABLATO POSVERI MDCCXVI, sur le socle d'une statue équestre (à Gavon).—℟. SIGNARI MONVMENTVM DECREVERE RENATO FRANCIS. DE BEAUVAU ARCHIEPISCOPO ET PRIMATE NARBONNENSI COMITORVM PRÆTIDE NATO REGII ORDINIS SANCTI SPIRITVS COMMENDATORE MDCCXXV.
Bronze. 62 mill.—F.D.C.

1646. Écussons couronnés accolés Beauveau-Lambertie soutenus par deux Génies. — ℟. SANS DÉPARTIR. Deux faisceaux unis par une croix (?). Ex. : 1714. Jeton. Cuivre.—F.D.C.

1647. COMITIA OCCITANIÆ PETRO BOVVIER DEDERE. Femme assise sur les écus d'Aquitaine et de Beauveau.—℟. lisse. Essai.
Étain. 42 mill.—B.

1648. IACQVES CALLOT Buste à gauche. — ℟. NÉ A NANCY EN 1593. MORT A NANCY 27 MARS 1635. (Galerie numismatique.) Bronze. 42 mill.—F.D.C.

1649. IACQVES CALLOT. Buste à gauche. Au bas : I. D. — ℟. GRAVEVR MORT 1635, sur un tombeau. (Dassier.) 2 pièces variées. AR. et bronze.—F.D.C.

1650. ORRA FIDEI CONIVGALIS. B. RENNEL XXVI. FEBR. Au champ : DEVS CONIVNXIT. Écussons accolés de Rennel et de l'Escut. — ℟. VINCVLVM PVDICITIÆ FIDEI — B. DE L'ESCVT. Dans le champ : NEMO SEPARET. Chiffre composé de deux B croisés, accostés de 15-76. Très rare et superbe jeton d'or. Poids 17 grammes. OR.—F.D.C.

1651. FRANÇOIS CHEVERT. Buste à gauche.—℟. NÉ A VERDVN EN MDCXCV, mort en MDCCLXIV. (Galerie métallique.)
Bronze. 42 mill.—F.D.C.

1652. ABRAHAM DE FABERT. Buste à gauche. — ℟. MARÉCHAL DE FRANCE M. 1662. Sur un tombeau. (Dassier.)
Bronze. 28 mill.—F.D.C.

1653. ÆQVES FERDIN. DE ST. VRBAIN LOTH. ARTIS NVMMARIÆ PRINCEPS. Buste à droite. Sans revers. Bronze coulé du temps. Bronze. 57 mill.—B.

1654. CL. CHARLES LOTH. FECIALIS NOVVS APPELLES. Buste à droite. Sous le bras M. S. V. (Saint Urbain). — ℟. lisse, cliché. Étain. 50 mill.

1655. Buste à gauche de Musculus.—℟. WOLFGANGVS MVSCVLVS LOTHARINGVS THEOLOGVS IN ACADEMIA BERNENSI THEOLOGIÆ PROFESSOR OBIIT. BERNÆ AN. 1563. ÆT. 66. Dans le champ (Dassier). Bronze. 28 mill.—F.D.C.

1656. PONDERE VALET HONESTVM. De Vaubecourt debout à droite tenant une balance, une banderolle dans chaque plateau. Sur l'une IVS RELI., sur l'autre IVS HONEST.—℟. SVPERNAS AVERTIT IRAS. Ville sous un arbre. Ex. : RECTO, MODESTO DVCI VAVBECOVRT CIV. CLAVSTHAL. 1761.
AR. 35 mill.—F.D.C.

1657. I. D. ANTOINE ARCHITECTE. Buste à droite. — ℟. HOTEL DES MONNAIES DE PARIS CONSTRVIT PAR I. D. ANTOINE EN 1768. Hôtel des monnaies. Bronze. 42 mill.—F.D.C.

1658. LOVIS XVIII ROI DE FRANCE ET DE NAV. Tète du roi à droite. — ℟. LA VILLE D'ORLÉANS A NICOLAS GÉRARDIN DE LA FAMILLE IEANNE D'ARC POVR AVOIR PAR VN LOVABLE DÉSINTÉRESSEMENT CONSERVÉ A LA FRANCE LA MAISON OV NAQVIT LA PVCELLE D'ORLÉANS. 1818. Bronze. 41 mill.—F.D.C.

1659. ALPH. DE RAMB. D. IN EPISCOP. MET. PROPR. Buste à gauche. — ℟. ΕΧΕΙ ΘΕΟΣ ΕΚΔΙΚΟΝ ΟΜΜΑ. 1604. Jéhovah sur un œil lumineux. Au-dessus la croix sur une enclume sur laquelle frappent deux mains armées de marteaux. Au bas des armes. Très belle et rare médaille du temps.
Bronze. 44 mill.—T.B.

A partir de cette époque, nous donnerons seulement les noms des personnages célèbres de la Lorraine, les types et légendes étant connus de tous.

1660. NEY, le maréchal, 4 pièces; OVDINOT, 4 pièces ; BOVLAY (de la Meurthe), 2 pièces. 10 pièces. Bronze.—T.B. et F.D.C.

1661. NIC. CAR. EX BAR A VINCENT. Écu de Vincent. — ℟. CÆS. AVST. GEN. LOC. TEN. BELG. PRÆFECT, autour d'une couronne, légende sur la tranche. AR. 40 mill.—F.D.C.

1662. COMTE DE RIQVY. 1 pièce, 2 autres pour l'expédition de Morée. GIRARDIN, FABVIER, LACÉPÈDE, OBERLIN, PAIRA, PARISET, 3 pièces ; BRESSON, LOBAV (le comte). 10 pièces.
Bronze.—F.D.C.

1663. Lot de 20 autres pièces. Divers personnages.
Bronze et AR.—F.D.C.

Paix de Lunéville.

1663. NAPOLÉON PREMIER CONSVL. 57 médailles et jetons argent, bronze et étain. Cette curieuse suite est une des plus complètes connues, et les pièces sont généralement à fleur de coin. —B., T.B. et F.D.C.

1664. 74 médailles religieuses. Récompenses, faits historiques, ayant trait aux villes de la Lorraine. Argent, cuivre et étain.

1665. Sceaux. 1° Antoine du Châtelet, 1653 ; 2° marquis de Custine; 3° de Tabellion de Ligny; 4° autre d'un cardinal. 4 pièces. Cuivre.—T.B.

Monnaies royales frappées à Metz.

1666. LOVIS XIV. Demi-écu, 12 sols, 6 sols, 30 et 40 deniers, liards. 13 pièces. AR. et cuivre.

1667. LOVIS XV. Écu et divisions. 11 pièces AR., double sol et sol de billon, 4 pièces; sol de cuivre et divisions, 15 pièces. 30 pièces.

1668. LOVIS XVI. Louis d'or de 1786. 1 pièce.

1668 *bis*. Écu, demi-écu, 12 sols, 15 sols, 2 sols, sol, demi-sol et quart de sol. AR. et cuivre. 23 pièces.

1670. RÉPVBLIQVE FRANÇAISE. Décime et 5 centimes. 9 pièces.

MÉDAILLES ARTISTIQUES

(Série de Saint Urbain).

1671. Collection des ducs de Lorraine. 43 magnifiques pièces y compris le grand médaillon de la duchesse douairière, daté 1729. Le tout renfermé dans deux écrins du temps, avec armes. Toutes pièces à F.D.C.

1672. PHILIPPVS AVRELIANSIVM DVX REGENS. Buste du duc à droite.—℟. LVDOVICVS XV, etc. Buste lauré de Louis XV à droite. Bronze. 42 mill.—F.D.C.

1673. Mêmes légende et buste du régent.—℟. DEVOTVM ET FELIX GALLIÆ OBSEQVIVM. MDCCXV. La France et le régent debout. 2 pièces. Bronze. 44 mill.—F.D.C.

1674. Mêmes légende et buste. — ℟. PACE VBIQVE PARTA ALIT ARTES. Ex. : MDCCXVI. Le régent et Minerve debout. Bronze. 44 mill.—F.D.C.

1675. Mêmes légende et buste. — ℟. ÆRARIVM RESTITVTVM MDCCVII. La Justice debout. Bronze. 44 mill.—F.D.C.

1676. Mêmes légende et buste.—℟. LIBERALITAS AVGVSTA. Ex. : TRIB. DECIMÆ REMISSIO. La Libéralité debout.
Bronze. 44 mill.—F.D.C.

1677. Mêmes légende et buste.—℟. GALLICA VINCIT. MDCCXX. La France casquée debout, à ses pieds des armes, etc.
Bronze. 44 mill.—F.D.C.

1678. Mêmes légende et buste. — ℟. IVNXIT MVTVO CVM FŒDERE GENTES, etc. Deux mains jointes au-dessus d'un autel.
Bronze. 44 mill.—F.D.C.

1679. PHILIPPVS DVX AVRELIANENSIS. Même buste.—℟. Celui du n° 1673.
Bronze. 44 mill.—F.D.C.

1680. Mêmes légende et buste.—℟. Celui du n° 1675.
Bronze. 44 mill.—F.D.C.

1681. Mêmes légende et buste.—℟. Celui du n° 1676.
Bronze. 44 mill.—F.D.C.

1682. Mêmes légende et buste.—℟. Celui du n° 1677.
Étain. 44 mill.—B.

1683. Même légende et buste.—℟. Celui du n° 1678.
Bronze. 44 mill.—F.D.C.

1684. IOH. WIL. D. G. P. R. S. R. I. ELECT. ET ARCHID. AP. Buste à droite.—℟. INVICTO RELIGIONIS RESTITVTORI. La Religion devant un autel. 2 pièces. Bronze. 46 mill.—F.D.C.

1685. VLISSES I. S. R. E. PRESB. CARD. GOZZADINVS PRÆF. RAVEN LEGA. Buste à droite. — ℟. ET MINERVA COMES. Minerve debout. Sur son casque un serpent en cimier. 2 pièces variées. Bronze. 75 mill.—F.D.C.

1686. Même pièce.—℟. MINERVA SACRA. Une chouette en cimier sur le casque. Bronze. 75 mill.—F.D.C.

1687. ALOYSIVS FERDINANDVS COMES MARSILICVS. Buste à gauche. —℟. NIHIL MIHI. La ville de Bologne éclairée par le soleil. Ex. : BONON. SCIENT. ACAD. SOCIO ET MÆCENATI OPT. A. S. MDCCXXXI. Bronze. 58 mill.—F.D.C.

1688. IOANNES FREIND. COLL. MED. LOND. ET REG. S. S. Tête à gauche.—℟. MEDICINA VETVS ET NOVA. Hippocrate debout donnant la main à un médecin. Ex. : VNAM FACIMVS VTRAMQVE. Bronze. 58 mill.—F.D.C.

1689. G. BAGLIVIVS. MED. IN ROM. ARCHIT. P. ET SOC. REG. LOND. COL. Buste à droite. — ℟. VNAM FACIEMVS VTRAMQVE. MDCCIII. Trépied d'Esculape et instruments de chimie. Ex. : MDCCIII. Bronze. 40 mill.—F.D.C.

1690. MARCELLVS MALPIGHIVS BONON., etc. Buste à gauche. —

℟. TVTISSIMO LVMINE EXHIBITO. MDCXCIII. La Science couchée sur une estrade, étudiant des plantes.
Bronze. 36 mill.—F.D.C.

1690 *bis*. IO. HIERONYMVS SBARALBA, etc. Buste à gauche. — ℟. INVTILES AMPVTANS. Serpe coupant un arbre.
Bronze. 35 mill.—F.D,C.

1691. RAINALD. I. DVX MVTIN. REG. MIRANDOL. Buste à gauche.— ℟. CITIVS TENEBIT. Vaisseau sous toutes voiles entrant dans un port. Pièce très rare. Bronze. 64 mill.—F.D.C.

1692. LIVIVS ODESCALCVS D. G. SIRM. BRAC. D. Buste à droite. — ℟. TVETVR ET. ARCET. Château fortifié protégeant un port.
Bronze. 60 mill.—F.D.C.

1693. OLIVAR. D. G. EP. ANG. SCO. ET HIB. ET PRO. Buste lauré à gauche. — ℟. THOMAS ANIELLO DE AMALPHI. Buste à gauche. Bronze. 45 mill.—F.D.C.

1694. I. P. BIGNON. ABB. ST. QVINT., etc. — ℟. MINERVA COMES. Minerve debout avec serpent pour cimier.
Bronze. 56 mill.—F.D.C.

1695. HIER. CARD. NORIS VERON. S. R. E. BIBLIOTH. Buste à gauche. ℟. HISTORIA VINDICATA. Colonne avec Minerve et l'Abondance (?) assise. Bronze. 35 mill.—F.D.C.

1696. IAC. T. S. MARIÆ DE ARA CŒLI PRESB. CAR. DE ANGELIS. Buste à droite. — ℟. MARCH. IO. PHIL. EQV. ET PRIOR. S. STEPH. PATRVO. RES. Buste à gauche. Pièce rarissime, peut-être unique. Bronze. 40 mill.—F.D.C.

1697. IO. DOM. CASSINVS ARCHIGYM. BONON. PRIMAR ASTRONOM. ET R. ACAD. Buste à droite. — ℟. FACTA COPIA CŒLI BONON. MDCVC. La méridienne de Bologne.
Bronze. 60 mill.—F.D.C.

1698. ELIZ. CAR. PALAT. RHENI D. AVREL. MATER. FELICIT PVBLICÆ. Buste de la duchesse à gauche.—℟. FECVNDITAS CONSERVATRIX GALLIÆ. Junon debout à gauche, à ses pieds un paon. Médaille dorée. Bronze. 55 mill.—F.D.C.

1699. PHILIPPVS V. HISPANIORVM REX. Tête à droite. — ℟. SIC CVNCTAS PELAGI CÆCIDIT FRAGOR. Neptune sur une conque marine au milieu des flots. Bronze. 48 mill.—F.D.C.

1700. S. PETRVS APOSTOLORVM PRINCEPS. Tête nimbée à droite. — ℟. SVPER HANC PETRAM ÆDIFICABO. ECCLESIAM. MEAM. La religion catholique debout à droite, près d'un autel.
Bronze. 42 mill.—F.D.C.

1701. IOANNES XXI. PONT. MAX. Buste avec tiare à droite. —

℟. Croix avec banderolle sur laquelle EVROPA A BARBARIS AB. IMPIIS ORBE LIBERATO. Au bas, les clefs.
Bronze. 40 mill.—F.D.C.

1702. BONIFACIVS VIII. PONT. MAX. Buste à droite.—℟. IVBILEO PRIMVM IN ECCLESIA INSTITVTO AN. MCCC.
Bronze. 40 mill.—F.D.C.

1703. IO. BENEDICTVS XI. PONTIFEX MAX. Buste avec calotte à droite.—℟. PACANDÆ ITALIÆ STVDENS IMMATVRE EREPTVS.
Bronze. 43 mill.—F D.C.

1704. CLEMENS V. PONT. MAX. Buste à tête nue à droite.—℟. APOSTOLICA SEDE IN GALLIAM TRANSLATA. Rome sous les traits de Minerve assise pleurant à droite. Pièce rare.
Etain. 43 mill.—F.D.C.

1705. Même pièce en étain. Étain. 43 mill.—F.D.C.

1706. IOANNES XXII. PONT. MAX. Buste mîtré à droite.—℟. DOMINVS DEDIT. DOMINVS ABSTVLIT. Job couché sur son fumier. Pièce rarissime. Bronze. 40 mill.—F.D.C.

1707. BENEDICTVS XII. PONT. MAX. Buste mîtré à droite.—℟. TECTIS VETERIS BASILICÆ RESTITVTIS. En 4 lignes.
Bronze. 43 mill.—F.D.C.

1708. CLEMENS VI. PONT. MAX. Buste à tête nue à droite.—℟. IVBILEO EX C AD L ANNVM REDVCTO. Porte.
Bronze. 42 mill.—F.D.C.

1709. INNOCEN. VI. PONT. MAX. Buste avec tiare à droite.—℟. AVT DIMITTE EIS AVT DELE ME. Moïse à genoux demandant grâce à Dieu. Pièce rare. Bronze. 43 mill.—F.D.C.

1710. VRBANVS V. PONT. MAX. Buste avec calotte à droite. — ℟. GLORIA ET HONORE CORONASTI EOS. Buste de saint Pierre et de saint Paul de face. Bronze. 42 mill.—F.D.C.

1711. GREGORIVS XI. PONT. MAX. Buste avec calotte à gauche. — ℟. ET REVERSA VT IN LOCVM SVVM. L'arche portée par quatre lévites. Pièce rare. Bronze. 42 mill.—F.D.C.

1712. VRBANVS VI. PONT. MAX. Buste avec calotte à droite. — ℟. IVBILEO A QVINQVAGESIMO AD TRIGESIMVM TERTIVM REDVCTO. Porte. Bronze. 43 mill.—F.D.C.

1713. BONIFACIVS IX. PONT. MAX. Buste avec tiare à droite. — ℟. AN MCCCC IVB. TERTIO CELEBRATO. Porte.
Bronze. 43 mill.—F.D.C.

1714. INNOCEN. VII. PONT. MAX. Buste avec tiare à droite. — ℟. NON COMMOVEBITVR. Rocher battu par les vents.
Bronze. 43 mill.—F.D.C.

1715. GREGORIVS XII. PONT. M. Buste avec calotte à droite. — ℟. VT HÆC CVSTODIAS. Tiare et clefs en sautoir.
Bronze 43 mill.—F.D.C.

1716. ALEXANDER V. PONT. MAX. Buste à gauche avec tiare. — ℟. VNGE CVM IPSE EST. David à genoux recevant de Samuel l'onction royale. Bronze. 43 mill.—F.D.C.

1716 *bis*. S. PIVS V. PONT. MAX. Buste à gauche avec calotte, la tête entourée de rayons. Sous le buste : S. V. — ℟. IHS dans un cercle rayonnant. Jeton rare. Cuivre.—T.B.

1717. CLEMENS XI. PONT. MAX. A. II. Buste avec calotte à droite. SAINT URBAIN OP.—℟. APTATA SÆCVLA VERBO DEI. GNOMONE ASTRONOMICO AD VSVM CALENDARI CONSTRVCTO. La Méridienne dans les thermes de Dioclétien. Pièce rare.
Bronze. 54 mill.—F.D.C.

1718. Mêmes légende et buste. Au bas : S. VRBANI OP.—℟. LVCET VVLTV EIVS. La Religion sur un trône.
Bronze. 46 mill.—F.D.C.

1719. Légende et buste avec A III. — ℟. HAVRIETIS IN GAVDIO. Fontaine sur le quai de Civita-Vecchia.
Bronze. 38 mill.—F.D.C.

1720. CLEMENS XI. PONT. MAX. A. VI. Buste à droite avec tiare. — ℟. IPSVM AVDITE. Le pape assis prêchant. Au bas : NANCII CVS. Bronze. 42 mill.—F.D.C.

1721. Mêmes légende et buste avec A. XVIII.℟. — LVCET INVVLTV EIVS. La Religion sur un trône. Pièce rare.
Bronze, 51 mill.—F.D.C.

1721 *bis*. CLEMENS XI. PONT. MAX. ANN. I. Buste avec calotte à droite.— ℟. PORTAM SANCTAM CLAVSIT. A. IVBILEI MDCC. Porte. AR. grand écu.—F.D.C.

1722. INOC. XII. PONT. MAX. Buste à droite avec calotte. S. VRBAIN. — ℟. VIRTVS PROMOTA. Ange tenant une couronne. Au bas A. V. Sous ses pieds: FERDINANC DE ST. VRBAIN. (Rarissime.) Bronze. 37 mill.—F.D.C.

1723. CLEMENS XII. CORSINVS PONTIFEX MAXIMVS. Buste à droite avec tiare. Sous le bras : S. V. — ℟. REPARATIO FELICITATIS PVBLICÆ. Minerve casquée debout tenant de la droite une branche d'olivier, de la gauche une urne. Ex. : MDCCXXX. 2 pièces. Bronze. 63 mill.—F.D.C.

MONNAIES PAPALES (Coins de saint Urbain).

1724. INOCEN. XII. PON. MAX. AN. V. Buste. Sous le bras : S. V. R.—℟. FIAT PAX IN VIRTVTE TVA. Le pape à genoux. Au bas : S. V. AR. demi-écu.—T.B.

1725. INNOCEN. XII. PONT. MAX. ANN. VI. Buste à droite avec calotte.—℟. PACEM LOQVETVR GENTIBVS. Le pape au conclave. Au bas : FERD. DE S. V. Pièce rare. AR. grand écu.—T.B.

1726. INNO. XII. P. M. AN. VII. Buste à tête nue à droite.—℟. FACTVS EST IN PACE LOCVS EIVS. L'arche. S. V. AR. demi-écu.—B.

1727. INNOCEN. XII. PONT. MAX. A VIII. Buste à droite. Au bas : HAMERANVS. — ℟. EGREDIATVR POPVLVS ET COLLIGAT. Ex. : MDCIC. SV. Les Israélites ramassant la manne. Pièce très rare. AR. grand écu.—T.B.

1728. Même légende et même buste. — ℟. GRATIA VOBIS ET PAX MVLTIPLICETVR. Saint Pierre debout prêchant. Pièce très rare. AR. grand écu.—F.D.C.

1729. Même légende et même buste avec A. IX. — ℟. PARATE VIAM DOMINI. Saint Jean prêchant. Au bas : 1699. S. V. Pièce très rare. AR. demi-écu.—B.

1730. Essai de la même pièce. Étain.

1732. INNOCEN. XII. PONT. MAX. A. IX. Buste avec calotte à droite. ℟. ANNO IVBILEI MDCC. Porte soutenue de chaque côté par un ange embouchant la trompette. S. V. Pièce très rare. AR. grand écu.—T.B.

1733. Même légende et même buste.—℟. ANNO REMISSIONIS MDCC. Porte sainte. Pièce rarissime. AR. demi-écu.—F.D.C.

1734. ALEXANDER VIII OTTHOBONVS. VENETVS. PONT. MAX. Buste à gauche avec calotte. — ℟. PETRVS CARD. OTTHOBONVS S. R. E. VICECANC. PATRVO MAG. BENEMERENTI POSVIT MDCC Tombeau du pape avec statue. Sur le tombeau on lit : ALEX. VIII. PONT. MAX. Au bas les armes du cardinal avec les mots : COM. CAROLVS II. S. MARTIN INV. Plus bas et séparées par les ornements des armes du cardinal, les deux lettres S. V. Pièce très rare. Bronze. 65 mill.—T.B.

1735. CHRISTIANVS III. D. G. COM. PAL. RHE. DVX BAV. ET BIPONTII. Buste à gauche. Au bas : NICOLE. — ℟. NOVO PVBLICÆ FELICITATIS STATVTORI. Couronnement du prince. Bronze. 52 mill.—F.D.C.

DIVERS ARTISTES.

1736. IO. HIERONIMVS SBARALEA DOC. COLLEG. ET BON. AVAT. LECT. EMER. Buste à gauche. — ℞. INVTILES AMPVTANS. Arbre (Sans nom d'artiste). Bronze. 65 mill.—T.B.

1737. FRAN. A BONA D. DESDIGUIERES P. ET COMESTABILIS. Buste fraisé à droite. — ℞. GRADIENDO ROBORE FLORET. Écu au lion couronné. Pièce rare. Bronze. 47 mill.—T.B.

1738. ET. F. DE CHOISEVL DVC DE CHOISEVL AMBOISE PAIR DE FR. Buste à droite drapé et cuirassé. — ℞. creux. Rare et superbe pièce, sans nom d'artiste. Bronze. 170 mill.—F.D.C.

1739. HENRY L. RENE DESNOS. EVE. COMTE DE VERDVN PRINCE DV S. EMP. Buste à droite. Dessous : CHENET. — ℞. creux. Bronze. 163 mill.—F.D.C.

1739 *bis*. B. L. M. DE CHAUMONT COMTE ET PREMIER EVEQVE DE ST. DIEZ. Buste à droite. Dessous : F. F. 1777.—℞. lisse. Bronze. 115 mill.—F.D.C.

1740. I. I. GRANDVILLE. Buste à gauche. Dessous : DAVID. 1841. ℞. creux. Bronze. 180 mill.—T.B.

1741. **Méreaux en étain des églises protestantes.** Beauvais, Chenay, Celles, Chay, La Motte, Melle, Lezay, La Tremblade, Lusignan, Pamproux, etc., etc. 22 pièces. —T.B.

1742. Lot de doubles des mêmes pièces.

1743. Lot de jetons de Nevers, Dijon, César de Vendôme, etc., etc. 36 pièces. Cuivre.—B. et T.B.

1744. LOUIS XIII. Magnifique jeton du sacre de Reims. 1610. AR.—F.D.C.

PIÈCES DIVERSES (ou omises au catalogue).

1745. *Gauloises* des Éduens. 16 pièces. AR.—B.

1746. *Id.* *id.* 1 pièce. OR.—B.

1747. *Id.* SOLIMA. 4 pièces. AR.—B. et T.B.

1748. *Id.* ATEVLA. COMA. VIRODV. Q. DOCI. TOGIRIX. [illegible] pièces. AR.—B.

1749. *Id.* Nerviens. VIROS et VOVERC.. OR.—B.

1750. *Id.* Même pièce sans légende. OR.—B.

1751. *Id.* Remes, Leukes, Tricasses, Senons, Bellovaques, etc. 46 pièces. Potin.—B. et T.B.

1752. Rouelles gauloises. 17 pièces.

1753. ***Mérovingiennes.*** VICCO FIT. Buste à droite. — ℟. ANGLO MONET. Croix sur des degrés. OR.—T.B.

1754. *Id.* M (Massilia et le patrice Nemphidius). 3 pièces. AR.—B.

1755. *Charles-le-Chauve.* GRATIA DI. REX. Monogramme. — ℟. CHIMIRIACO VI. Croix. Pièce très rare. Denier.—F.D.C.

1756. *Louis l'enfant.* H. LVDOVVICVS. Croix.—℟. SALOMON en deux lignes. 2 pièces. Denier.—T.B.

1757. *Charles-le-Carlovinge* (?). GRATIA DII. EX. Monogramme par C.—℟. BRVCCIA MO. Croix. Denier.—T.B.

1758. R. D. FE. Évêque debout de face, tenant un aiglon et un bar.—℟. MONETA. Épée, la pointe en bas. 9 pièces, 2 variétés et 4 autres pièces indéterminées. En tout 13 pièces. Petit denier.—T.B.

1759. S. STEPHAN. PROTHO. M. Saint Étienne debout. — ℟. FLORENVS NI MONTENSIS. Écu dans six arcs de cercle. Imitation des florins de Metz. OR.

1760. Lot de 25 médailles et jetons pour la Lorraine. Pièces doubles ou omises dans le catalogue.

1761. Lothaire, Charles II, Charles III, Hugues Capet, Louis XV, Louis XVI, Napoléon, Charles X et Louis-Philippe. 23 grandes médailles. Argent et bronze.—F.D.C.

1762. Marie-Antoinette. 3 pièces d'argent et 3 de bronze et étain. 6 pièces. —F.D.C.

1763. 18 plombs de 1848. Plusieurs rares pour l'Italie.

1764. Sous ce numéro seront vendus plusieurs lots de médailles, jetons et monnaies, clichés, etc. AR. cuivre et étain.

1765. Un beau médaillier en chêne plaqué palissandre. 51 tiroirs avec leurs cartons. Hauteur : 1 m. 65 c. Largeur : 85 cent.

FIN.

www.ingramcontent.com/pod-product-compliance
Ingram Content Group UK Ltd.
Pitfield, Milton Keynes, MK11 3LW, UK
UKHW031852260826
14628UKWH00002B/719

9 782329 377421